光尘
LUXOPUS

樊登读书
育儿系列

给孩子一个
幸福的家

樊登读书

编著

人民邮电出版社

北京

图书在版编目（CIP）数据

给孩子一个幸福的家 / 樊登读书编著. -- 北京 ：
人民邮电出版社，2023.2（2023.4 重印）
（樊登读书育儿系列）
ISBN 978-7-115-60241-1

Ⅰ．①给… Ⅱ．①樊… Ⅲ．①亲子关系 Ⅳ.
①C913.11

中国版本图书馆CIP数据核字(2022)第190010号

◆ 编　　著　樊登读书
　　责任编辑　郑　婷
　　责任印制　陈　犇
◆ 人民邮电出版社出版发行　　北京市丰台区成寿寺路 11 号
　　邮编 100164　 电子邮件 315@ptpress.com.cn
　　网址 https://www.ptpress.com.cn
　　文畅阁印刷有限公司印刷
◆ 开本：880×1230　1/32
　　印张：9.5　　　　　　　　2023 年 2 月第 1 版
　　字数：185 千字　　　　　2023 年 4 月河北第 2 次印刷

定价：59.00 元

读者服务热线：（010）81055671　印装质量热线：（010）81055316
反盗版热线：（010）81055315
广告经营许可证：京东市监广登字 20170147 号

推荐序

亲子教育的三根支柱

樊登

这个世界上有一种学问，叫作简单科学。在简单科学的范畴内，任何事都可以被分成多个步骤和多个部分，各个步骤和部分之间的因果关系清晰，比如造一辆汽车、造一艘火箭均是如此。虽然造火箭听起来已经非常复杂了，但它实际上仍然是个简单体系，它的每一个模块，每一个零件，每一个软件系统，都有章可循。

还有一种学问，叫作复杂科学。复杂科学范畴内的事很混沌，因果关系往往不明确，不能被切割成单个独立的部分，也不能通过把各个部分拼凑在一起去形成一个完美的结果。天气就是一种典型的复杂科学，市场中的经济情况，计算机网络，以及一个人的成长和生命，也都属于复杂科学。

简单体系往往需要用复杂的手段来打造，参考造火箭有多少步骤就知道了；而复杂体系，恰恰只需要简单的规则去驱动，正如老子所说的"无为而治"。这是我认为最玄妙、最有趣的地方。

育儿是一种复杂科学

我读过许多亲子类图书，它们使我逐渐明白了一个道理，那就是：育儿的核心问题，在于我们如何看待孩子。

将孩子视为一个机械体还是一个生命体，是两个完全不同的出发点。换句话说，我们觉得孩子更像是一辆汽车，还是更像是一座花园？

打造一辆汽车所需要使用的手段，一定是非常明确、复杂、步骤清晰的，所以，如果我们把孩子视为像汽车一样的机械体，那么育儿的手段一定也极其复杂，就像汽车的生产模式一样，环环相扣，每一个步骤都不能松懈。

比如，孩子的学习有语文、数学、英语、跳绳等几个模块，那么语文不行就补语文，数学不行就补数学，英语不行就补英语，跳绳不行就每天晚上陪孩子下楼跳绳。这样做最后你可能会发现，孩子的语文还可以，数学也可以，英语也可以，跳绳也跳得不错，但是根本不爱学习，学习使他痛苦。等他完成了学习任务、大学毕业之后，可能只剩下颓废，完全没有自己的人生目标。

这就是用错了手段的结果。我们如果用对付简单体系的手段对待一个富有生命力的孩子，最终就可能会把孩子变成一个善于考试却丧失人格的机器。

那么反过来看，如何促成一座花园的发展呢？

你不需要像一个造汽车的工程师那么使劲，只需要给予它阳光、雨露，坐在那儿喝杯咖啡欣赏它就好。它会自己生长，可能最后会长成一片森林，虽然结果可能跟你想象的不一样，但是它会有自己的命运，有自己的生命力。这就是一个生生不息的复杂体系的特点。

所有的复杂体系都是靠简单的规则在驱动。著名计算机科学家史蒂芬·沃尔弗拉姆曾说过，整个宇宙就是一个复杂的程序，当人们问他初始的程序是什么时，他回答道，虽然不知道宇宙的初始程序到底是什么，但如果这个初始程序真的存在，它一定不超过三行代码。

育儿其实就是一种典型的复杂科学，正如许多复杂科学那样，养育好孩子的方法，也源自简单的规则。如果你在养育孩子的过程中用尽了全力还是没有收到好的效果，自己特别累，孩子也特别痛苦，那么一定是方法用错了。

育儿是不是也存在所谓的"三行代码"？是不是也有以不变应万变的简单规则？我在读完许多亲子类图书之后，找到了答案。

亲子教育的三根支柱

我认为亲子教育共有三根支柱，把握住这三根支柱，你就会发现，孩子内心当中存在的生命力才是他一生发展最重要的力量来源。教育不是把一个孩子拆分成很多不同的指标，生硬地拼凑在一起，而是把他视作一个有内在自我的人，帮助他产生内在动力，去爱自己、爱社会，让他充满好奇心，喜欢探索，遇到了挫折能够自己解决。作为父母，我们只需要调整好自己的内心，让自己变得更阳光、更健康，自然就能给孩子带来更良好的人格影响，让孩子更好地自发成长。

第一根支柱：无条件的爱

阿德勒在《自卑与超越》中说道，一个人终其一生寻找的最重要的东西有两样，一样叫作归属感，另一样叫作价值感。

孩子内心的归属感，正是来自无条件的爱。无条件的爱能够给孩子带来信任感、尊重感、安全感，从而帮助我们建立起温柔但有边界的亲子关系。边界和温柔都代表着父母对孩子的爱，当我们把两者结合起来就会发现，即便父母和孩子还是会出现摩擦和拥有不同的意见，但彼此的心永远都是在一起的。

第二根支柱：价值感

价值感就是一个人内心对自我价值的认定，直接影响着一个人的自尊水平和自律水平。

孩子在这个世界上最信任的人就是父母，他们往往最相信父母说的话。有句话这样说：孩子会逐渐长成父母嘴里描述的样子。因此，父母应审视一下自己的教育思路。我们都有着为孩子担心焦虑的原始本能，但是请多关注孩子的价值，关注孩子的内心，让孩子知道自己是有能力的，帮助孩子建立起价值感，从而真正为自己负责。

第三根支柱：终身成长的心态

一个人就算拥有了无条件的爱和价值感，也很难不遇到挫折。把每一次挫折都当作学习的机会，就是终身成长的心态。

我把终身成长的心态叫作"美德背后的美德"。为什么这么说呢？因为很多美德的背后都是终身成长的心态在起作用。谦虚，是因为以后的日子还长，现在所取得的这点成就根本不算什么；诚信，是因为这一次交易之后，还想建立更好的合作关系；努力、尝试和勇于接受挑战，是因为它们能使人不断地改变和进步，从而更好地迎接未来。

养育孩子就是一件面向未来的事情。因此，我们不仅需要用动态的眼光看待孩子的表现，也要用开放的态度培养孩子终身成长的能力。

　　人的成长是一个复杂体系，真正能够让这个复杂体系发生作用的，只有其内在动力，而三根支柱正是孩子内在动力的源泉。有了内在动力，他便能够逢山开路，遇水架桥。我们要让孩子成为拥有"逢山开路，遇水架桥"能力的人，而不是只能依靠父母的日日辅导，一步一步被推着往前走。

本书源起

樊登读书

樊登读书自创办以来，对育儿问题的关注从未间断。我们不仅自己在不断挑选好书、挑选好的内容与大家分享，还邀请了许多经验丰富的教育学、心理学专家参与其中。越来越多的专家学者在我们的邀请下，或以专题课的形式探讨育儿话题，或选取他们所推崇的育儿图书，融合自己的思考解读与大家分享。

樊登读书还有一个专门为父母提供知识方法的栏目，叫作"新父母"。"新父母"这个栏目的创立，承载着我们对社会上父母这个角色的共情和期待。社会上每个身份都有与其相对应的责任，但是父母这个身份并不像职业身份那样，有着比较明确的要求、门槛及考核的标准，甚至做得不合格也不会有失去该身份的风险。因此，社会上始终存在着这么一种现象：许多人成了父母，却没有尽到父母的责任。当父母没有能力"尽职尽责"的时候，受到影响的不仅是他们的孩子，还有整个社会。

在过去，很少有人会去专门学习怎么当好父母，而随着育儿知识的普及和公民素质的提升，越来越多的人开始注重这方面的学习，已经开始从心态和观念上逐渐转变，更加能够接受科学的养育方法和知识，注重成长和反思。这些父母与那些固守错误认知的父母相比，何尝不是值得期待和鼓励的"新父母"呢？

"新父母"这个概念给了我们更加明确的方向，那就是为大家提供更多更优质的内容，帮助更多家长胜任父母的角色，出版图书的想法也就此产生。

育儿领域的图书种类非常多，很多父母都是遇到什么问题就买哪一方面的书，这就如同"语文不行就补语文，数学不行就补数学"，不能解决根本问题，反而容易在焦虑中自乱阵脚。但是父母如果能够掌握一幅知识的"地图"，就能让育儿这个复杂体系尽量变得有章可循。

那么，能不能出一幅"一站式解决育儿难题"的"知识地图"？这幅"地图"最好既脉络清晰，又话题全面，能够涵盖育儿过程中的大多数问题；既能指点迷津，让读者更便捷地去理解专业的育儿观点，又能够为读者指路，让大家在看书学习的时候不焦虑、不盲从，选书时有一个正确的方向。

于是，我们成立了项目组，启动了专业的编辑团队，开始对育儿领域普遍受认可的理论知识、专家思想、实践方法进行全盘梳理，终于搭建出了思路清晰、话题全面的知识脉络。遵循这样的脉络，我们精选了国内多位教育专家的育儿专题课程及多位专家对经典育儿图书的解读内容，以及我们对一些优秀育儿图书的解读和思考，按照不同的话题进行了统合和精编，终于形成了这套"樊登读书育儿系列"。

本系列图书共三册，分别为《给孩子一个幸福的家》《唤醒孩子的内在成长》《面向未来的养育》。每册都单独成书，可以分开购买和阅读。不过更推荐大家按照从第一册到第三册的顺序来看，因为它们的内在逻辑层层递进，同时对应樊登读书亲子教育的三根支柱理念：无条件的爱、价值感和终身成长的心态。

第一册：《给孩子一个幸福的家》

成长当中最重要的力量源自坚信自己被爱着，而这种信念是父母能给予孩子的最好的礼物。给予孩子无条件的爱，意味着采用一种更具有人文关怀、更受主流教育理念认可的亲子相处方式。这是由"新父母"所创造的"新亲子关系"，更是教育本质的回归。

很多写亲子关系的育儿图书往往只注重父母与孩子之间的关系，这虽然很重要，但并不算全面。亲子关系不只与亲子间如何相处有关，还和父母如何与自己相处，如何与彼此相处，甚至如何与原生家庭相处有关。无条件的爱，只有在这样广义的"亲子关系"概念下才能真正发挥作用。我们不仅要爱孩子，更要爱自己，爱自己的伴侣，爱这个家，这样才能让孩子真正感受到爱的氛围。

　　本书从自我疗愈、和谐家庭、亲子沟通、高质量亲子陪伴等话题出发，希望可以帮助大家获得认知方面的提升，找到亲子关系的幸福密码，给孩子一个幸福的家。

第二册：《唤醒孩子的内在成长》

　　要想在一个新领域得心应手，底层认知非常重要，育儿的底层认知便是儿童发展心理学。什么是儿童发展关键期？父母的很多行为究竟是帮助了孩子还是影响了孩子的发展？作为"新父母"，如果不了解这些，何谈育儿？

　　很多父母无法帮孩子建立价值感，原因就在于他们依然遵循着所谓"多少代传下来"的育儿方式，沉迷于当一个"高高在上"的"绝对权威"，而忽视了孩子的发展规律。更重要的是，他们往往只看到了孩子的外在，却不重视孩子精神的存在。

　　本书从父母的认知觉醒、儿童发展规律、儿童内心发展、尊重孩子自主成长等话题出发，希望可以帮助大家成为拥有先进、科学观念的父母，培养出拥有健全心灵和完整人格的孩子。

第三册：《面向未来的养育》

　　教育孩子，一方面要注重培养孩子终身成长的心态；另一方面，我们也要用动态的眼光看待孩子，用开放的眼光看待社会的发展。

随着科技的高速发展，未来社会的竞争环境注定更加复杂多变，自立能力、学习能力、社会能力和创造幸福的能力变得愈发重要。我们要给孩子怎样的教育，才能让他们有信心、有力量、有期待地面对未来的世界？

本书立足当下、放眼未来，呈现多位教育界学者的独到观点和理论实践精华，帮助孩子以积极的心态快乐而高效地学习和成长，以卓越的姿态面向未来。

以上就是"樊登读书育儿系列"三册图书的核心思想。

真心希望本系列图书——这幅为所有"新父母"设计的"知识地图"，能够成为您实用的索引工具和贴心的朋友，陪伴您开启一段珍贵而难忘的育儿旅程。

目 录

第
三
章

陪伴是最长情
的告白

第一章

家是亲子关系的土壤

每个孩子都是含苞待放的花朵，而家庭是花朵赖以生存的花园。生活的勇气，来自父母的温暖鼓励；良好的沟通能力，来自家庭成员的以身作则；积极的个性，来自充满安全感的家。父母的认知、能力和行为对孩子的身心发展影响深远。缺乏健全人格的父母，很难给孩子健康的爱；经历过情感创伤，缺乏价值感与情绪调节能力的父母，也多会在养育孩子时遇到困难。

　　本章将从每个人的自身经历出发，帮助读者疗愈内心，变得更加成熟和坚强，从而为养育下一代提供更多能量，成为孩子更好的陪伴者和引路人。

第 1 节　原生家庭如何影响人的一生

田宏杰解读《不成熟的父母》

稳定和健康的内心世界是保持正向人际关系和幸福生活的必要条件，但并不是每个人都可以很好地照顾自己的内心世界，哪怕他们已经为人父母。

有些父母能够给予孩子充分的欣赏和尊重，这些父母的内心世界往往是成熟而稳定的，能看到孩子的需求并合理地满足，让孩子更有安全感和信心；而有些父母则常常对孩子忽视、冷漠、苛责，不能给孩子足够的关怀和认可，甚至给孩子带来终生的负面影响，这样的父母，很多都有并不成熟的内心世界。

如何面对情感不成熟的父母，疗愈自己的内心创伤？如何避免自己成为情感不成熟的父母？美国资深的临床心理学家琳赛·吉布森研究这个课题 20 余年，将她的研究成果总结在了《不成熟的父母》这本书中。

当今社会，抑郁、焦虑的情绪成了很多成年人身上一种共同的秘密，这其中许多原因都可以追溯到其童年时期恶劣的亲子关系。如果不知道痛苦究竟是如何产生的，就很容易陷入痛苦难以自拔。只有理解这段经历，理解父母情感的局限性，才能真正摆脱情感上的孤独，掌握新的与父母相处、与自己相处的方式，重新建构自我。

因此，《不成熟的父母》既可以说是写给父母的书，也可以说是一本自我成长之书。通过这本书，我们不仅能够了解不成熟的父母的特征及其对孩子人格和心理所造成的影响，也可以疗愈自身成长经历中的内心创伤，拥抱更好的自我，成为更好的父母。

什么是不成熟的父母

不成熟的父母的影响

《不成熟的父母》中所讨论的"不成熟"，指的就是情感不成熟。

情感成熟的父母一般善解人意，能够理解孩子，注意到孩子情绪的变化，关注孩子的情感和需求，尊重孩子的感受和孩子的本能，给予孩子应有的关注。他们会让孩子觉得："我很重要，我的父母喜欢和我在一起。"孩子也能因此产生价值感。

但反过来，情感不成熟的父母是怎样的呢？他们以自我为中心，只关注自己的想法、情绪和观点，忽视孩子的情感和内心感受。他们说话常常以"我觉得……""我应该……"来开头，喜欢用自己的观点去要求孩子，却忽视孩子身上的独特性。

比如，如果这类父母认为孩子应该积极、应该上进、应该开心，那么当孩子沮丧的时候，他们不仅不会安慰孩子，反而可能惩罚孩子，因为"沮丧"不符合他们对孩子的期待。久而久之，孩子就会觉得："我只能呈现积极自信的一面，沮丧消沉的部分不能让父母看到，我无法在这种情况下依赖他们。"当有负面情绪时，孩子便不再愿意跟父母进行情感交流，因为觉得父母并不会真的看到自己、在意自己的感受，他们会不断暗示自己"我的感受不重要，我的观点不重要"，价值感也在这种暗示的影响下渐渐丧失。

随着时间的推移，这将造成两个典型的负面影响。

第一，孩子爱的能力有限。当这些孩子也为人父母的时候，他们很难发自内心地关爱自己的孩子，也会忽视孩子的需求，使孩子感到孤独、无助和空虚。也就是说，负面影响传递给了下一代。

第二，这些孩子虽然痛苦、孤独，没有体会过父母全然的爱，但是不知道问题的根源是父母爱的能力有限，只会在自己身上找原因。他们以为父母是全能的，以为只要父母愿意，就能够给他们全然的爱，所以他们就会用自己所理解的方式去争夺爱，甚至会想，是不是只要压抑了自己的需求和个性，表现出父母喜欢的样子，父母就会爱自己。因此，很多人一生都在为取悦父母而扮演某种他们以为父母喜欢的角色，而把真实的自我抛得远远的。

书里提到了这样一个例子。

杰克结婚了，妻子凯拉是一个很活泼的女人，和她在一起让他觉得很幸福，结婚的时候杰克也很开心。但是现在杰克变了，他无法摆脱一种莫名的失落感。他说："我曾是世界上最幸福的人，我很努力去变成凯拉希望我成为的人，但现在我只是假装很开心，我讨厌自己现在这个样子。"

咨询师问他："你认为你跟她在一起应该是什么样的呢？"

他说："我应该像她一样非常快乐。每天回家，如果我疲惫的话，我不会让她看到我的疲惫。我试图表现得很开心，我觉得凯拉是因为我快乐才爱我，我觉得凯拉只允许我快乐。"

为什么他会觉得凯拉只允许他快乐呢？咨询师后来得知，其实就是因为他妈妈从小对他的负面情绪非常苛责，只允许他"快乐"。他快乐的时候妈妈会很开心，而不快乐的时候妈妈就会骂他，所以时间长了，他在家里表现出来的就都是积极的样子。这种情况非常值得反思：如果一个人在家庭中只能表现出积极的部分，而把自己不积极的部分都掩盖掉的话，那么其实他对这个家庭是有愤怒感的，他的内心会因被控制而产生愤怒的情绪。如果一直抛弃另一部分的自我，只呈现我们觉得社会期许的那部分自我、父母允许的那部分自我、另一半允许的那部分自我，那么有一天另外一部分自我想出来时怎么办？如果在生活中我们只接纳积极的部分，不接纳消极的部分，类似的冲突就一定会出现在生活中。

所以，不成熟的父母最大的问题就是：他们只想看到一个理想的孩子，而不愿意看到一个真实的孩子。正因为如此，他们无法与孩子建立稳定的情感联结。

与父母缺乏稳定情感联结的孩子，会认为没有人会因为自己真正的样子而想跟自己建立关系，要想让父母喜欢，就必须隐藏自己的感受，表现出父母期待的样子；在人际关系中，也必须隐藏一部分自我，表现出别人期待的样子，才能被人接受。忽视自己的感受会带来两个影响，一个是会降低自信——"那个样子的我才是好的，而这个部分的我，我不能接纳"，因此对自己没有信心；另一个是明明已经在他人面前表现出对方喜欢的样子、呈现出理想的部分了，但内心深处还是觉得不幸福。

不成熟的父母的特征

回到我们的主题，情感不成熟的父母到底是什么样的？作者总结了这类父母的一些典型特征，比如，他们心中有对事物执着的认知，不易被说服和改变；他们的抗压能力差，很难控制情绪和处理自己面对的压力；他们喜欢做阻力小、让自己感到快乐的事，不喜欢任何使自己痛苦或需要付出努力才能做成的事；他们看事情的视角很主观，忽视人与人之间的差异，以自我为中心，很少自我反省。和孩子在一起时，这类父母喜欢让自己成为焦点。

这里还涉及一个词，叫作"认知复杂性"。有的父母认知复杂性非常弱，因此他们面对孩子的时候，无法理解事件背景中的诸多因素和信息，也无法理解事情本身的复杂性、真实性、矛盾性。

之前我接触到的一个爸爸就是这样。他的孩子在学校被几个女生欺负了，被起了外号，孩子觉得很委屈。当时他的做法很简单，就是去找了老师，要求老师一定要批评那些女生，并且让那些女生在班里公开向他的孩子道歉。

这个做法的结果是什么？那些女生因为给同学起外号、孤立同学，的确被老师要求当场道了歉，但问题是，他的孩子后来在班里变得更胆小，那几个女生更加孤立她，使得她在班里变得更孤单。

那么，问题出在哪里？当孩子在班里被几个孩子排挤，一个道歉能够解决所有的问题吗？不可能的。这件事一定还涉及更多问题：为什么孩子在班里会出现这样的情况？当这样的情况出现时，孩子的情绪如何？孩子心中渴望交朋友，那么她在交朋友的过程中碰到了什么困难？当孩子觉得难过，比如被起了外号时，她自己可以使用哪种方式解决眼前的问题？

这件事涉及的问题不只是让对方道歉那么简单，更多的是帮助一个孩子在群体中获得支持，让她自信地交到真正适合自己的朋友。比起公开道歉，父母和老师更需要关注的是她的情感、她的感受、她当前的困境，以及她跟伙伴互动的时候到底存在哪些需要帮助的地方。

一个如此复杂、整体性塑造孩子的过程，如果只是用"公开道歉"去解决，只会让被欺负的孩子变得更加退缩。如果孩子在学校又受了委屈，回家后她绝对不会讲，因为她知道爸爸的做法只会让她在班里更孤立无援，自信心更加受到打击。

所以，所谓认知复杂性，就是当我们看到孩子时，能够真正理解孩子当下的困境。孩子在什么问题上被难住了？整个情境是什么？孩子的情绪如何？内心的渴望是什么？我们可以从哪一点上进行突破？孩子只有真正地被理解、被帮助，才能在未来对于解决问题越来越有信心。

相反，父母如果没有意识到孩子的真正需求，而以想当然的方式对待孩子，不仅会把错误的"爱"硬塞给孩子，还会无意中剥夺孩子的幸福，使孩子非常痛苦。书中埃莉的故事就是一个典型的例子。

埃莉的妈妈不太温柔，总对埃莉冷着脸，比较严苛。埃莉小的时候，每当受到伤害，她都会抱着一个毛绒玩具。当她受伤的时候，她抱着它；当她心情低落的时候，她也抱着它。在埃莉的整个童年，这个毛绒玩具总是能够让她感到安心，对她来讲，它就是一个陪自己长大的玩伴，直到青春期时，她还一直抱着它。

可是有一天，在埃莉不在家的时候，妈妈把这个毛绒玩具送人了。说是送人了，也可能是妈妈把它给扔了。埃莉发现之后非常难受，她问："你为什么要把这个毛绒玩具送人呢？"结果妈妈说："你这么大了，应该不需要它了。"

这就是一个典型的例子。父母如果认知复杂性太弱，太以自我为中心，就没有办法准确地理解孩子的需求、孩子的感受，无法对孩子的感受产生真正的同理心，孩子也没有办法被父母温柔以待。

埃莉的妈妈对孩子的需求视而不见，把孩子的需求踩在脚下。对于妈妈的这个行为，埃莉可能会想："从小你不爱我，是这个毛绒玩具陪伴了我，可是你今天却说我不需要它，你凭什么说我不需要它呢？"

与不成熟的父母相处的体验

以下是与情感不成熟的父母相处会有的 11 种体验。

1. 与他们沟通很难。他们从来无法好好倾听孩子、看到孩子的需求，只说自己的观点、自己的道理。

2. 和他们说话特别容易激起孩子的愤怒。有些孩子的愤怒直接指向父母，他们会跟父母对着干。但有些孩子的愤怒会指向自己，他们不想对父母发火，觉得父母也许是对的，父母是爱自己的，而且跟他们争论也没有用。这些孩子会对自己表达愤怒，还可能抑郁，甚至自我伤害，以此来被动地表达自己的不满。

3. 他们会通过情绪传染与人沟通。他们就像婴儿一样用哭引起其他人的紧张，表达沮丧和难受，直到孩子做出反应去帮他们调整情绪，从而得到关怀和需求的满足。

4. 他们从不做情感工作。所谓情感工作，就是付出时间和精力去理解孩子，关心孩子的想法和感受。不成熟的父母没有足够的同理心，很难看到孩子的痛苦，对于孩子的情感需求无法满足。当孩子哭泣或愤怒的时候，他们会说："那你怎么不早说？你不说我怎么知道？"

5. 他们很少给予关爱。不成熟的父母从不直接表达自己的需求。如果想让孩子帮忙，他们从不明说，只会让孩子猜，他们认为"如果你心里有我，你应该知道我想让你做什么"。他们不仅不主动给予关爱，还要求孩子对自己有全然的关注。

6. 如果与孩子发生冲突，他们会拒绝修复亲子关系。

7. 他们不能照顾孩子的情绪，却反过来需要子女对于自己的情绪给予理解和反应。比如，他们累了就会说："孩子，你难道不知道我很累吗？"他们很忙时就会说："孩子，你不懂我正在忙吗？"

8. 他们的自尊取决于孩子的顺从。只有孩子听从自己，对自己表示认同和肯定，他们才会开心；但反过来，如果孩子沮丧、挑剔，他们就会忧虑。他们的自尊水平取决于孩子的反应。当孩子不顺从自己，令自己懊恼的时候，他们不是想办法解决问题，而是感到自己受到了伤害。

9. 他们认为自己的角色很神圣。他们会觉得"我是父母，你要全都听我的才好"。

10. 他们寻求纠葛，而不是情感亲密。他们和子女的友好相处依赖各自扮演好既定的角色。他们倾向于相互纠缠的关系，而不是在接纳对方的前提下去支持和陪伴。

11. 他们有反复无常的时间观。这是什么意思呢？有连续时间观的人，会把过去、现在和将来联系起来，比如今天陪伴孩子时，心里既装着孩子未来的成长目标，也装着孩子过去的成长经验。但是如果父母陪孩子学习时，有道很简单的题，讲了很多遍孩子还是不明白，就开始骂孩子笨，骂孩子能力不行，这样的父母就是心里只装着当前的状况，只想着让他觉得不舒服的事情，而没有参考过去，也没有面向未来。没有连续时间观的父母，无视孩子过去的发展水平，也不在乎会对孩子未来造成什么样的伤害，只要孩子当下没有达到他们的标准，就会加以斥责。

如果参考了过去，往往就会明白孩子的难点在哪儿，如何通过练习来提高；如果面向未来，就会想到未来的目标是让孩子学会学习，让孩子爱上学习，自然就不会这样发火了。心中有目标、眼中有孩子，这才是父母拥有连续时间观的体现。

不成熟的父母的四种类型

书中将不成熟的父母分成了四种类型。第一类叫情绪型父母，第二类叫驱动型父母，第三类叫消极型父母，第四类叫拒绝型父母。

第一类：情绪型父母

这类父母就像婴儿一样试图通过情绪去感染孩子，把自己和孩子纠缠在一起，让孩子有不得不服的感觉。这种情绪也会将孩子与父母紧密地绑定在一起，当父母有情绪反应的时候，孩子的内心会觉得矛盾、内疚、愤怒，各种感受交织在一起，非常痛苦。

如果看到妈妈难过了，孩子就会努力地改变自己，希望能让妈妈的心情好起来；如果妈妈跟爸爸吵架了，孩子就希望自己做得好一些，能让妈妈开心；甚至妈妈在事业上不顺心了，和邻居之间有了纠葛，孩子也希望自己表现得好一些，能让妈妈开心。

但实际上，妈妈是个成人，孩子控制不了妈妈的情绪，却总是希望从各种不稳定性中找出一些自己能控制的部分，孩子总是在想："我表现成什么样，妈妈会开心一点儿？"

第二类：驱动型父母

这类父母似乎有特别清晰的教育观，特别"知道"该怎么塑造一个孩子，说起道理来头头是道。

我之前做过一个关于父母的教育焦虑和孩子成长的课题，采访了很多父母，问他们都给孩子报了什么辅导班，有些父母给孩子报了十几个辅导班，孩子每天晚上都被安排得满满的，周末也不例外。

我问："孩子会不会太累？"

一个孩子的妈妈说："不会。我们家孩子就是'吃不饱'的类型。如果不给他报那么多辅导班，他就'吃不饱'。有时候他也会不想去辅导班，但只要他去了，他眼睛都是亮的。而且我们家孩子就是那种老师给他的题越难，他就越喜欢的类型。"

我问："他怎么表现出给他的题越难他越喜欢啊？"

"她说：他就说'今天老师又给了我一道难题''今天老师又给了我两道难题'，老师一给他难题，他就觉得好开心。"

我说："这是你用心塑造出来的一种状态吧？"

她说："对，我从小就跟孩子讲，只要你学得好，就可以上更高一级的班，老师就会给你更难的题，你的能力就会提升。"

这个妈妈告诉孩子，得到最难的题的孩子才是最优秀的孩子。

孩子是真的"吃不饱"吗？其实孩子一直在反抗，但父母一直在引导，让孩子不知不觉间跟着父母的思路走：我觉得得到难题更重要，我觉得升到更高一级的班更重要，我觉得满足老师的期许更重要。但如果这些都更重要，那内心的"我"的需求往哪里放？

一年级的孩子还骗得了，二年级的孩子也许也骗得了，等到五六年级呢？孩子在学习上可能就会慢慢叛逆，那种想逃跑的感觉就会越来越强。孩子越大、自主动力越强的时候，事情就会越麻烦。

驱动型父母的特点就是过于坚信自己固有的观点和期望，他们采取的过于简单化和超重化的手段会干扰孩子自主能力的发展，让孩子觉得是在被父母控制，而不是被父母全然地接纳。

第三类：消极型父母

这类父母为人很柔和，对孩子很随和，也很爱陪孩子玩，但是这类父母情感不成熟，当被孩子需要的时候，没有办法守护孩子。

书里有这样一个故事。

茉莉的妈妈很容易发脾气，经常打她，而茉莉的爸爸很温柔，但是在家里没有什么话语权。

当她在房间里被妈妈打时，爸爸不是过来阻止，告诉妈妈这样对孩子不好，或者商量一下用其他方式教育孩子，而是自己在厨房里故意把碗弄得咚咚响。茉莉觉得爸爸好像在用这种方法声援自己，她觉得爸爸其实也没办法。

这就是消极型父母，他们没有办法守护孩子的内心需求，这也会让孩子感到痛苦。

第四类：拒绝型父母

这类父母的特点就是冷漠，在自己和孩子之间竖起一道墙，让孩子感到受伤。书中以孩子的视角给了这样的描述——当我跑向另一个人的时候，那个人却当着我的面"砰"的一声把门给关上了。

这种被拒绝的感觉是非常痛苦的。拒绝孩子的人，如果是他的一个小伙伴，也许还好；但如果是对孩子最重要的父母，孩子被拒绝时真是心如刀绞。

我们渴望被连接的情感需求，跟人类远古的遗传记忆有关。人类是社会性、群体性动物，所以我们渴望被关注，渴望跟他人建立一种连接，这是我们的本能。

四类不成熟的父母的特点

这四类不成熟的父母都会给孩子带来孤独和痛苦，但他们带来的孤独和痛苦各有不同。

情绪型父母会让亲子之间产生情绪纠缠，他们的孩子非常容易察觉父母的情绪，总希望自己能做点什么让父母发生改变。这样的孩子心里总是装着别人——别人的情绪、别人的目光、别人的评价，内在情绪特别容易因此而困扰和动摇，别人一个轻蔑的眼神，可能就会让他内心波动，他内心的自我往往是不稳定的。

驱动型父母的特点是把自己的观点全部硬推给孩子，孩子往往会有被控制的痛苦。这些被控制的孩子可能在青春期之前都比较积极乐观，但是到了青春期，父母会觉得孩子突然间变了好多。这些父母过来咨询，说的都是"我孩子以前都挺好的，很乐观，到了青春期突然就变了"。实际上，孩子不是突然发生变化的，而是驱动型父母一直以来只看到了自己心中的孩子，只强化自己认可的这个部分，而看不到另一部分。孩子到了青春期，负面的自我力量变得越来越强，他的反叛和消极被动情绪就会变得越来越多。

消极型父母的孩子最大的特点就是没有安全感，认为自己没有人可以依靠，所有的苦都得自己承担，不得不快点长大。他们从小就开始承担太多，不仅要照顾自己，还得照顾像孩子一样的父母。在这种情境下，他们认为自己必须快快长大，必须忽视和否定内心那个弱小的自我，一定要强大起来。这种感觉自己未被守护的孩子，内心往往会觉得很空洞。

拒绝型父母在孩子面前立起一道墙，如果孩子小时候多次尝试接近父母都被拒绝，多次尝试建立联结都没能成功，他就会习得性地退缩，而当他想跟别人建立联结时，他就会害怕那道墙再次出现，害怕像父母那样冷漠的目光再次出现。如果他努力尝试，却发现对方没有热情回应，他就会退缩，甚至还没尝试建立联结就已经退缩了。拒绝型父母给孩子造成的影响，使孩子容易形成退缩的性格。

这四类不成熟的父母中无论哪种，都会让孩子陷入痛苦、孤单、没有力量的情感感受中。我们之所以要认识这些，不是为了指责，而是为了了解父母能力的局限性。很多父母不是不想爱，而是能力有限。当我们看到了不成熟的父母的这些特征，理解了他们给我们带来的影响，这本身就是疗愈的开始。

不成熟的父母对孩子的影响

治愈型幻想和角色型自我

什么是治愈型幻想？就是当孩子无法用自然的方式得到父母的关爱时，当父母看不到孩子真实的自我，使孩子感到孤单和痛苦时，孩子会幻想：如果自己表现出另一种样子，一种理想的样子，是否就能得到父母的爱，这种痛苦孤单的状态是否就能被治愈呢？

因此，他们努力改变自己的样子，并期待父母也发生改变，能对他们展露爱意。他们常常表现出区别于真实自我的另一种样子，也就是"角色型自我"——为了符合父母的期望，得到父母的关爱，用一种虚假的自我代替真实的自我，在生活中表现出虚假的自我角色。

这种治愈型幻想还会反映到其他关系中。比如，有的人小时候渴望得到父母的爱却没得到，于是幻想长大以后碰到一个朋友或爱人，这个朋友或爱人将全然地看到自己、爱自己，治愈自己所有的痛苦。

我曾问过我的一个好朋友："你对爱人的期望是什么？"

她说，她希望有个男孩全然地爱她，做她的精神伴侣，两个人能够互相理解，从不吵架，两人之间全部都是爱。将她的观点概括成一句话就是："公主和王子从此过上了幸福的生活。"

可是在现实生活中，公主和王子那样的幸福生活是不太可能存在的，因为如果两人之间从未有过冲突，就意味着两人之间的边界从未被打破过；而如果边界从未被打破，那么这两个人的相处其实就会特别客气，而客气久了就会产生逃离。

爱不仅是喜欢、愉悦，还是不同情感的融合。所谓理想的婚姻，不是简单的王子和公主相遇，从此幸福快乐地在一起，而是即使偶尔会和对方有冲突，事情过后还是会互相理解。但对于有治愈型幻想的人来说，他始终幻想将来有一个人能够治愈自己，让自己不再受到任何伤害，于是他进入亲密关系之后就会产生问题。也许刚开始时很好，可一旦发现和爱人在一起也会受伤，他就会特别决绝地与爱人分开，继续寻找那个所谓"对的人"。

其实关系面前，并没有百分之百的"对的人"，只有差不多

"对"的人，两人在关系中不断磨合，一起成长，对自我和彼此差异的接纳程度越来越高，从而更好地一起走下去，这才是一个真实的成长过程。如果一直活在治愈型幻想中，不但会失去小时候的幸福，对长大后的幸福也是一种破坏。

外物掌控者和自我掌控者

有一种人在遇到问题时，总认为都是别人的错，寄希望于别人的改变，把问题外化，我们把这种人称为外物掌控者。

之前做咨询的时候，我碰到过一个初三的男孩，他的父母离婚了，他和妈妈生活在一起，才读到初中三年级他就不想上学了。他有过度消费的习惯，手机换了又换，鞋子买了又买，游戏升级了又升级，即使妈妈的经济条件一般，他也毫不顾忌，认为都是父母离婚才让他变成这个样子的，一切都是父母的错。在人格逐渐稳定化、情绪逐渐复杂化的青春期，这个孩子只会用一种指责的方式去解决问题。这就是典型的外物掌控者。

另一种典型的情况叫作自我掌控者，就是认为一切都是自己的错。

自我掌控者会觉得父母离婚这件事都怪自己。在父母面临问题时，自我掌控者总想着自己做些什么去改变这个情况——"我如果更乖一些，你们的关系会不会更好一些？我如果更乖一些，你们会不会少吵些架？"实际上，成人的人格也是不稳定的，对于成人之间的矛盾，孩子是很难调和的，但这类孩子从小就很敏感，情感感知能力很强，他们渴望能够建立情感联结，哪怕牺牲自己的感受，也愿意为此努力，只为获得一丝丝的稳定感。

在家庭中，这类孩子很容易过度付出。这类孩子在小时候是为父母过度付出，父母骂他，他自己消化；父母之间发生冲突，父母情绪不好，他也自己消化；长大以后跟爱人在一起，也觉得如果自己能够表现得再好一些，再优秀一些，对爱人再理解一些，那爱人的情绪也许会更好一些……自我掌控者总是幻想自己如果再多付出一些，事情就会有所改变，却没有照顾到自己内心的感受，忽视了自己的感觉。

以上的分类不是为了标签化，而是为了让我们辨别出自己的特征。很少有人是绝对的外物掌控者或自我掌控者，我们都有将问题外化的情况，也都有将问题内化的情况。我们应该看到自己的多个方面，然后去寻找一种平衡。

重构与不成熟父母的关系

如果我们的父母是不成熟的父母，我们应该怎样重构与父母的关系呢？这里为大家介绍两种模式："崩溃觉醒模式"和"成熟意识模式"。

崩溃觉醒模式

崩溃觉醒模式就是从原来的模式中先崩溃，再觉醒。行为主义的强化理论里有这样一个说法：每一种行为之所以被保留下来，一定是因为这种行为有好处。也就是说，旧有模式其实是有一定效果的，这里我举一个自己的例子。

我更偏向自我掌控者，和他人相处时，我更愿意为他人付出。当我为对方付出，看到对方很满意的样子时，我也会很开心。比如我和我先生刚结婚时，两人都不会做饭，但是我愿意尝试去做，如果他喜欢吃我做的饭，我就很开心。但随着这种模式的持续，我有时会在某一时刻觉得不对劲，忽然觉得痛苦。

发现这种模式不对劲的契机在哪儿呢？比如某一周，正好有两个晚上我都比较忙，所以家里连着点了两个晚上的外卖。第三天我不忙了，但正好我的好朋友从外地过来，我就和她一起出门玩了。

第四天下午五点左右，我一边往家走，一边给我先生发信息："我估计六点多到家，你把外卖点好，等我回来一起吃。"等我回到家，我说："今天吃什么呀？"我先生说："我没有点。"我说："六点多还没有点吗？"他说："天天吃外卖好腻，我不想再吃外卖了，你就不能做一顿吗？"

我的火一下子就上来了。我说："结婚这么多年你从来不做饭，我包容你。我忙的时候你不做饭，点了外卖我也觉得蛮开心的，我都包容你。头两天我忙所以没做饭，第三天我出去玩了所以没做饭，就今天一天没有理由，我就是不想做饭，你就要挑剔我，攻击我没做饭了吗？"

我当时特别愤怒，我先生听了我的话，也意识到了问题所在——这些年我从来没有因为他不做饭而埋怨过他，可是他却因此埋怨了我。从那天开始，如果我工作比较忙，我先生一定会五点多就发信息说："你今天什么时候回来？你想吃什么呀？我帮你点外卖。"

一直以来，当生活没有提出新的挑战，我们往往会觉得原来的模式就挺好的，但是当原来的模式已经不再平衡，只有打破旧的、固有的模式，建立一种新的模式时，才能促进关系真正成长。

我非常喜欢精神病学家达柏斯基的一个观点，书里也提到了这个观点，那就是，情感创伤有时不一定是病，它可能是成长的一种标志。

如果我们从来都没有创伤，从来都积极乐观地接纳所有，其实也并不全是好事。当负面情绪出现的时候，我们看到它，体会它带来的痛苦，然后将它解决，才能迎来真正的成长。

关于崩溃觉醒模式的应用，我们要注意以下两点。

第一，当你生气、愤怒或沮丧时，当那种强烈的负面情绪袭来时，一定要把它视若珍宝，把它"捧起来看一看"，看看这个负面情绪的根源在哪儿，它到底意味着什么。比如上文中我自己的例子，我愤怒的原因是什么呢？是我总是包容对方，心里总是装着对方的需求，希望对方也能在意我的需求。可在这件事上，我却发现对方只在意自己的需求，忽略了我的需求。这种愤怒只有被提出来，我的深层需求才能被明确。只有你看到了自己的需求，对方才能看到你的需求，从而慢慢地学会照顾你。

第二，要多关心自己的感受、自己的状态。

书里有这样一个故事。莱娜去健身，发现有几个健身动作大家都那样做，她也努力跟着学。结果第二天早上起来，莱娜发现身体不对劲，有些地方拉伤了，可见是前一天用力过猛了。但当她跟大家一起运动时，她并没有关注自己用力过猛了，自己都已经拉伤了，当时却没注意到，第二天才发现。

这其中的原因是什么呢？小的时候，妈妈总是指责莱娜懒，总是责骂她。所以只要一偷懒，莱娜就会对自己说：我不该懒，我应该勤快一点儿，我不应该太矫情，太娇柔，我应该坚强一些。导致的结果就是她察觉不到自己已经累了、受伤了，没有办法更好地照顾自己。

有时，我们不需要做太多努力，只要有意识地看到自己、关心自己，这个模式就会发生变化。所谓心理疗愈、自我成长，并不一定非得做什么了不起的事，自我觉察就是改变的第一步。自我觉察后，才有改变的可能。

这就是第一种重构与不成熟的父母的关系的模式——崩溃觉醒

模式。这种模式需要先看到旧模式的不妥之处——什么契机下才能看到呢？就是当你发现旧模式带来的好处已经被它带来的痛苦掩盖的时候。

或许旧模式在你小时候能帮到你，可在你长大后却限制了你，而且为你带来了痛苦。痛苦不是要去消融的，痛苦是要拿来做信号的。我们透过痛苦能够看到需求，知道哪里需要改变，所以痛苦的信号一来，其实就意味着旧模式不合适了，我们需要觉察，然后建立新的模式。

成熟意识模式

情感不成熟的父母，他们的孩子一般会有一个共同的幻想，就是父母终将改变他们的心，并对自己表达爱意。如果自己得不到父母的爱，就是因为自己不够好。

作为孩子，我们总误以为父母是全能的，父母做什么都是为我们好，他们如果想要爱我们，就能做到。实际上并非如此，父母情感不成熟、认知有局限时，确实给不了孩子想要的爱。

所谓成熟意识模式，就是意识到父母不是全能的，并用这种成熟的意识客观地从关系中跳出来，看到父母的不成熟，明白父母之所以给不了自己足够的爱，不是因为自己不好，而是他们自身做不到。

成熟意识模式的应用有三个步骤。

第一个步骤叫独立观察，就是用观察者的视角，从情绪纠缠中跳出来，有目的地观察眼前的一切，不被情绪所裹挟。

第二个步骤叫形成成熟的意识，就是在观察、了解父母的情感成熟度之后，意识到父母的很多做法源自他们的不成熟和局限性，而不是自己。

第三个步骤叫摆脱角色型自我，不再自动化地去顺从，不再自动化地调整自己成为父母期盼的样子，而是用成熟的态度做自己。

我们再用一个例子来说明。

弗吉尼亚患有恐慌症，特别害怕别人的批评、拒绝，怕看到别人的脸色，尤其害怕看到来自男性的不认可的表情。处在这样的恐慌中，她总希望自己能做得更好、把事情做对，不要让别人出现嗤之以鼻的表情。这种恐慌让她谨小慎微，战战兢兢，时刻保持警惕。

是什么让她突然意识到不对劲的呢？有一次她哥哥批评她的时候，她太痛苦了，一下子就崩溃了。

在做心理咨询时，她突然就明白了自己恐慌的根源是童年时期父亲对自己的态度。她用了两个词：挑剔、轻蔑。她父亲总是用挑剔、轻蔑的样子看她，让她觉得自己什么都做得不对。她从小就幻想，是不是有一天自己终于能做对一件事，就会得到父亲的认可，就会得到父亲赞赏的目光，而不是挑剔、轻蔑的目光？

所以，只要周围的人一有拒绝，一有批评，一有不好的脸色，她就觉得都是自己的错，自己一定要改变。

　　生活中也有很多人和弗吉尼亚一样，他们可能也是小的时候怕父母、怕长辈，长大以后害怕所有权威的面孔，害怕来自权威的任何一个否定、任何一次挑剔，所以一直战战兢兢。

　　以弗吉尼亚为例，这个时候她就可以用成熟意识模式的三个步骤去解决问题。

　　第一步，独立观察。

　　不是哥哥一批评我，我就觉得自己真的差劲，而是先冷静下来做一个深呼吸，体会自己现在的感觉：哥哥说了什么？他说完之后我是怎么想的？让自己从情绪的裹挟中跳出来，用客观冷静的眼光去看这件事。

　　第二步，形成成熟的意识。

　　我的爸爸在人格上有什么样的不成熟和局限？在理解了爸爸的不成熟和局限后就能明白，爸爸可能在教育我时只会用那样的方法，很难突破，所以小时候我做什么事他都会那么说。哥哥跟爸爸很相似，哥哥也喜欢挑剔、否定，语气也很轻蔑，所以我做什么哥哥也会那样说。这不是我的问题，而是他们必然会用这样的模式对待我。一旦我觉察到这些，就能跳出原来的状态了。

　　第三步，摆脱角色型自我。

　　当我真正理解了爸爸和哥哥的局限性，就能明白他们几乎不可能会夸人，那么我自己夸自己就好。当我真正明白自己要什么，该如何去行动的时候，我的理智、我的成熟、我的自由也就来了。

做到这些确实有难度，如果操作时遇到困难，这里还有三个建议。

第一，如果你已经平复了情绪，表明了你的态度，对方还是持续挑剔、轻蔑，那么请不要把对方的态度和情绪再放在心上。

第二，专注结果，而非专注关系。可能双方一时没有办法建立所谓"母慈子孝""父慈子孝"的关系，但从结果上看，能够缓和气氛、心平气和地沟通，就已经达到目的了。

第三，和父母建立"成熟人之间的关系"，而不一定非要建立亲密关系，非要让对方去变成自己想要的样子，非要让对方去认可自己。两个成熟的人交往有什么特点？就是如果我提出了要求你不听，那也没关系，我知道自己要什么就好。

做自由的自己

在书中，作者描述了没有角色扮演和治愈型幻想的生活会是怎样的一种感受——我们会体会到许多种自由。以下是书中提到的五种自由，看看它们是否也是你渴望的。

第一种是拥有做人的自由、不完美的自由。我们有乐观的部分，也可以有悲观的部分；有大方的部分，也可以有自私的部分；

有能够理解别人的部分，也可以有任性的部分。我们拥有不完美的自由。

第二种是拥有自己真实想法和感受的自由。我们不用再告诉自己"不应该难受"，难受的情绪是允许存在的；不用告诉自己"不该愤怒"，愤怒也是可以的；也不用告诉自己"应该幸福"，如果我们觉得生活得有些不幸福，那么就要问自己："我还渴望得到什么呢？再多一点儿什么，才能让我对生活更满意呢？"我们拥有真实地去感受的自由。

第三种是拥有暂停接触的自由。当一个人带给我们强力的情感纠缠，而我们想要摆脱的时候，可以选择暂时不改变对方，也不被对方改变。双方都冷静冷静。

第四种是拥有设限和给予的自由。面对不断向我索取的人，敢于说出"不行，我只能满足你到这里，再多的我满足不了，你也应该照顾我的感觉"。我们总是渴望对方了解自己，可是如果我们不先了解自己、表达自己，对方怎么能了解我们呢？

第五种是拥有自我同情的自由。当我们累了、沮丧了的时候，首先要关怀自己；在我们理解他人之前，首先要理解自己。只有理解了自己的需求、自己的情绪，知道如何爱自己、如何爱对方、如何让对方来爱我，并且自己内心充盈的时候，我们才能获得真正的爱。而掏空自己去爱对方，最后注定是一场空。

也许小时候父母没能好好关爱我们的内心，但如今我们已经长大，可以在内心做自己的"父母"，去关爱自己的需求和情绪，了解自己，爱自己。即使没有别人，我们也可以滋养自己的内心。

我们一方面要从不成熟的父母施加的影响中走出来，走向自我成长，另一方面也要努力成为成熟的父母。如果自己从小没有被成熟地对待过，内心无法对自己温柔，那么即使想全然、温柔地爱孩子，也有可能做不到。如果发现自己是这种情况，不妨尝试"从崩溃到觉醒"，改变自身行为固有的模式，学会自我觉察、自我关怀，对各个方面的自我都温柔以待，学会看到自己的需求，尽量停止伤害的代际传递。

只有关爱自己，才能真正关爱孩子；只有正视真实的自己，才能接纳真实的孩子。当我们能够对自己温柔，自然也会对孩子多一分温柔。当孩子感到沮丧或遇到困难时，我们就能发现并帮助他。这时，我们才能以一种成熟父母的状态去对待孩子，让孩子体会到全然的爱，让孩子形成完整的自我价值感。

从认识不成熟的父母，到了解他们所带来的影响，再到自我觉察、渐渐走出固有模式、走向心灵的自由，也许在这段旅程中，我们会体会到痛苦，但是痛苦过后，便是创造和新生。

愿大家都能成为更好的自己。

第 2 节　停止伤害的代际传递

樊登解读《被忽视的孩子》

　　生活中我们可能见过这样的例子，一个小女孩和她的爸爸在沙滩上正玩得高兴，她的妈妈突然说道："到点了，爸爸该工作了，来我这里吧，我给你读书。"然后爸爸也没说什么，就开始收拾玩具，把身上的沙子都拍掉。孩子只能非常失望地停下手里的游戏，去听妈妈读书。

　　可能很多人会觉得这对父母并没有什么错——他们先让孩子玩了一会儿沙子，再给她读书，似乎已经够负责的了。实际上他们忽略了重要的一点：愉快的玩耍突然结束，孩子被硬生生地拉过来听读书，内心其实非常失望。如果父母只是陪孩子玩，却没有对孩子的情感做出回应，孩子的内心其实是会受伤的。

　　什么叫作情感回应？当妈妈看到孩子玩得正开心时，可以先问孩子："玩得很高兴是吗？"表示理解后，再耐心解释一下："咱们应该换一种玩法了，因为爸爸还有工作要做，来，妈妈给你读书。"
爸爸也可以说："哎呀，我们玩得真开心，我真的不想走，但是爸
爸要开个会，所以你去跟妈妈玩吧。"表达一下自己的不舍，也是
对孩子的情感回应。

　　对于孩子情绪的变化不被重视，得不到成人回应的现象，这里
有一个专业的心理学名词，叫作"情感忽视"。

　　临床心理学博士乔尼丝·韦布是一名专门治疗个人、夫妻和家
庭问题的心理医生，基于丰富的临床咨询经验，她开创了童年情感
忽视这一研究领域，《被忽视的孩子》就是她基于这一领域的研究
所写的著作。

　　养育孩子不仅在于物质，还在于心灵。情感忽视在无形中对孩
子造成的伤害不可估量，更重要的是，在童年时期遭到情感忽视的
人在成为父母后，很容易将这样的伤害传递给自己的孩子。下面我
们将通过《被忽视的孩子》这本书认识情感忽视，走进或许也被忽
视过的我们自己的情感世界。

你经历过情感忽视吗

　　情感忽视有时是微妙、不可见的，很多看起来把孩子照顾得很
好的父母，也会出现情感忽视的情况。父母如果不了解什么是情感

忽视，就可能自己都不知道是否忽视了孩子。

对于有过情感忽视经历的人来说，一旦形成了心理的创伤，他的痛苦常常是外人难以理解的。他会莫名其妙地觉得抑郁，莫名其妙地觉得生活无意义，跟周围的人格格不入。这些创伤可能会被伪装成抑郁、焦虑、愤怒，或者婚姻和人际关系问题。但是，这些都是表面现象，情感忽视或许才是其真正原因。

经历过情感忽视的人还会在沉默中不停地质疑自己，不停地挑自己的毛病，认为自己有不可饶恕的缺点和错误，活得非常痛苦。

如果你想知道自己是否经历过情感忽视，可以问问自己是否存在以下情况。

1. 有时会感觉与家人和朋友格格不入。

2. 对不依赖他人感到骄傲。

3. 不喜欢求助于他人。

4. 朋友或家人会抱怨你冷漠疏远。

5. 你感到还没有发现自己生命的潜能。

6. 经常希望自己独处。

7. 暗暗地觉得自己可能是个骗子。

8. 在社交场合中会感到不舒服。

9. 经常对自己失望或是生自己的气。

10. 对自己比对他人更严苛。

11. 拿自己与他人比较，并觉得自己不如别人。

12. 比起人，更喜欢动物。

13. 经常无缘由地觉得暴躁、不开心。

14. 不清楚自己的感受。

15. 分辨不出自己的长处和短处。

16. 有时感觉自己是旁观者。

17. 相信自己是那种很容易过隐士生活的人。

18. 很难让自己冷静。

19. 总觉得有什么拖你的后腿，让你无法活在当下。

20. 会感到内心空虚。

21. 隐隐地觉得自己有问题。

22. 很难自律。①

如果你的情况与这 22 种情况当中的大部分描述相符，那么你很有可能经历过情感忽视。

另外，大家在对照各自情况时，有以下两点需要注意。

第一点要注意的是，不要轻易对号入座。不完美的父母不一定是情感忽视的父母。很多父母可能没有很好的教育方法，但他们未必会忽视孩子的情感。

---

① 乔尼丝·韦布，克里斯蒂娜·穆塞洛. 被忽视的孩子：如何克服童年的情感忽视 [M]. 北京：机械工业出版社，2018：XV-XVI.

情感忽视的父母一般有两个突出的特点。一是曾在重大危机时刻对孩子情感忽视。比如孩子在青春期时遇到了很大的危机、背负了很大压力，父母缺席或对这个危机事件完全没有反应。二是长期忽视孩子的某些重要的方面，比如孩子的道德品质、人际关系、学习能力、写作能力等。

情感忽视也可以分成急性共情失败和慢性共情失败两种情况。急性共情失败就是当有一件大事发生时，父母既没有与孩子共情，也没有帮助孩子缓解压力；慢性共情失败就是父母长期以来缺乏共情。

第二点要注意的就是，不必内疚。如果你发现自己曾经是被情感忽视的孩子，不必内疚，因为这不是你的错；如果你是一个忽视了孩子情感的父母，也不需要过度内疚，因为内疚于事无补，你之所以会对孩子情感忽视，也许是因为自己也被情感忽视过。我们要用开放、接纳的态度来面对这件事，而不是轻易对号入座、怨天尤人。抱怨不是解决问题的方法。

在了解情感忽视的特征后，我们来看看情感健康的父母都有什么特征。

第一个特征是和孩子有情感联结。这样的父母和孩子之间有良好的情感联结，孩子如果遇到了情感问题，或情绪上出现了变化，也不会故意不让父母知道，这就体现了情感联结的重要性。

第二个特征是视孩子为独立的个体。这样的父母明白孩子是一个跟自己不一样的、独立的人，有他自己的人生。他们不会让孩子来承担自己的意愿，不会让孩子成为自己生命延伸出的一部分。相比之下，很多情感不健康的父母却视孩子为物品，这在生活中非常常见。

第三个特征是会回应孩子的情感需求。当孩子发出了情感需求的信号时，他们会给出回应。相比之下，文章开头的那个例子就是典型的当孩子需要情感回应时，父母没有给出及时的回应。

12 种造成情感忽视的父母

什么样的父母会对孩子造成情感忽视呢？这本书为我们总结了12 种会造成情感忽视的父母的类型，让我们来逐个了解一下。

自恋型父母

这让我想到了之前讲过的一本书，叫作《母爱的羁绊》，专门讲自恋型父母，尤其是自恋型母亲对女儿的伤害和控制，这种影响是终身的。正在阅读的你如果是一位女士，可以去了解一下这本书。

自恋型父母总是认为自己高人一等。这类父母在家里与孩子的地位高低分明，他们甚至跟配偶都无法平等交流，因为他们认为自己高人一等。他们的典型特点是易脆弱、易受伤、爱记仇和爱推卸责任。

你们有没有见过很爱记仇的父母？如果见过就会明白，当他们跟孩子说"我不跟你说话了"，就真的不再跟孩子说话，就算孩子百般讨好、求饶、道歉，他们都不为所动，他们在用这种方式惩罚孩子。他们常用的手段是发怒或冷落，这类父母的潜台词是：孩子是自己的延伸。

专制型父母

这类父母最典型的特征是"老派"，比如规定孩子"不许顶嘴"，要求孩子对自己绝对服从，有时候还会惩罚孩子。

专制型父母的教育方式，并不是完全不可能教育出好孩子来，但它完全忽略了孩子的情感。在专制型父母面前，孩子根本没有机会表达自己的情绪，父母会要求孩子把情绪和情感都忍着——"给我憋回去，不许哭！"这很容易造成孩子被情感忽视，长大以后有可能会出现很严重的叛逆状况。

放纵型父母

放纵型父母几乎不和孩子发生冲突，孩子做什么都行。书里有这样一个例子。孩子彻夜未归，第二天回到家，他妈妈就跟什么事也没发生一样，只说了句"你回来了"。可能别的孩子会很羡慕，说"你们家真好，干什么都没人管"。但实际上这个孩子得不到来自父母的任何反馈，他是被情感忽视的。

当一个完全被放纵、被溺爱的孩子，得不到来自父母的任何反馈的时候，就会在内心深处遭受情感忽视。

离异 / 丧偶型父母

并不是所有离异、丧偶的父母都会对孩子情感忽视，但很多这类父母经常用离异或丧偶做借口，他们表现得很不快乐，常把抱怨的话挂在嘴边，把所有不好的事情都归结在婚姻的失败或配偶的离开上。

这类父母自身也很痛苦，没有多余的能量去关心孩子的情感世界，因此孩子就会被情感忽视。他们的孩子长期生活在一个不快乐、充满抱怨的世界中，无论发生了什么事，孩子的第一反应都是"如果我爸（我妈）没有离开我们，我们就不至于这样"。

成瘾型父母

成瘾型父母的常见行为就是酗酒，或者做其他事情成瘾。成瘾型父母最大的问题是"过度补偿"，他们经常表现得像两个人。比如喝了酒以后行为特别恶劣，甚至会打人，但打完第二天就后悔不已，为了补偿孩子，他们会带孩子去玩，去买好吃的。

所以，这类父母的孩子往往生活在两个极端当中：父母一会儿对他特别好，一会儿对他特别坏。生活中经常能够见到这类父母，他们有一个共同点，就是具有不可预测的人格。孩子对他们的人格摸不准，比如，他们今天的心情好不好得看有没有喝酒，没喝酒的话就不错，喝了酒就完全是另一种样子了。这类父母的孩子会特别缺乏安全感，他的情感往往是被忽视的，因为他根本不知道父母会有什么样的反应。

抑郁型父母

抑郁型父母的特点就是父母本身缺乏能量和热情，孩子对于他们来说就像不存在一样，这使得他们的孩子完全缺乏抚慰。

比如当孩子回到家里，妈妈就一个人坐在角落，自顾自地做自己的事，也没什么动力做别的："你自己热点饭吃，咱们家就这样。"整个家庭处于一种沉重、抑郁的压力和情绪下。

这类父母的孩子，只能把所有情感都隐藏起来，因为父母没有能量去帮他、照顾他的情绪。这类父母连自己的情绪都管不好，怎么管孩子的呢？所以，抑郁型父母也会造成情感忽视。

工作狂父母

从小到大，这类父母对孩子的照顾几乎都是通过其他人来实现的。孩子所有情绪上的问题，或者孩子在学校发生了什么事，父母都会让秘书、保姆去解决，自己根本不参与。在孩子看来，工作狂父母的潜台词就是"你的情感和需要都不太重要",这会让孩子觉得自己不重要,自己的生活没有价值,自我价值感偏低。

很多不珍惜生命去犯罪的人,都是自我价值感低的人,这一点非常值得重视。正是因为自我价值感低,他们才会去做很多害人害己的事。

照顾伤病家属的父母

我们见过有一些孩子,因为家里有病人,他们不仅需要帮父母照顾病人,还要自己照顾自己,所以这些孩子小小年纪就看起来非常成熟了。

心理学家认为,这些在小小年纪心理就变得成熟的孩子,在青春期特别容易崩溃,很容易走向另一个极端。人是不可能只付出而没有收获的,这些孩子从小内心得到的爱就不够,却还要不断向外付出,所以到了青春期就可能会追求一个过度的补偿,从此变得无比叛逆。

成就 / 完美导向型父母

这类父母的特点是永不满足,永远焦虑,永远烦躁,永远完美主义。

这种情况在现实生活中更常见。这类父母就算孩子再怎么好,也会不停地说孩子还不够好,还比不过谁家的小孩。其实,如果非要在一个孩子身上挑毛病，非要在世界上找一个比自己的孩子在某方面强的人，是一定找得到的。这类父母只会要求孩子继续努力，变得更好，却从未关注孩子的情感和情绪。

反社会型父母

反社会型人格障碍，即无良症①。这类父母最典型的特点是没有内疚感，会用残忍、操纵的手段来控制孩子。他们欺负孩子，恐吓、威胁孩子，或者用使其内疚的方式来控制孩子。这些孩子会极度痛苦，而这些父母却毫无内疚感，凡事只要达到了他们的目的就行。

孩子即父母

这种情况和照顾伤病家属的情况有些类似。在这种家庭中，父母会让孩子负责买菜、做饭、做家务，这些孩子早早地就成熟了起来。很多父母以此为乐，觉得"这样挺好的，把孩子锻炼得不错"，但是到了青春期，这些孩子会更容易变得叛逆。

"都是为你好"型父母

"都是为你好"型父母，综合了以上类型父母的很多特征，这

① 反社会型人格障碍又称无情型人格障碍，患者特征是高度攻击性、缺乏羞惭感等。——编者注

种情况在生活中最多。他们爱孩子，也希望能够给予孩子最好的一切，但孩子所需要的情感联结却被他们忽视了。

以上就是 12 种可能会造成情感忽视的父母的类型。下面我们来看看，如果一个孩子被情感忽视了，成年后他会有哪些特征。

被情感忽视的孩子成年后的十个特征

具有空虚感

排在第一位的特征是具有空虚感，就是莫名其妙地觉得空虚。关于空虚感的描述是很困难的，所以我引用原文来解释一下。

空虚感本身不是一种病，不像焦虑症或抑郁症。大多数人也没有觉得这些不适是干扰他们生活的症状。它更像是一种一般的不适感觉，一种时有时无的、无法满足的缺失感。有些人能切身体验到。

肚子里或胸腔中感觉空落落的，其他人感觉它更像是一种麻木情绪。你可能有种泛泛的感觉：你缺失了些其他人都有的东西，或者你是站在世界的外面往里看着的感觉，就是有些不对劲，却难以名状。它让你感到与世隔绝，好像你本应该更加享受生活，却没有。①

空虚感会让人无法投入地享受生活，无法像别人那样尽情地欢乐和放松，总是觉得有一种淡淡的无聊、空虚感——总想问这一切到底有什么意义。空虚感是非常莫名其妙的一种感觉，会使人非常不愉快。所以我们常说，幸福的反面并不是不幸，而是麻木，而空虚感就是一种麻木的感觉。

反依赖

反依赖的典型表现就是害怕依赖他人。这类人好像独自长大似的，遇事从不求人，有些问题明明找个朋友问问就解决了，也不会去问，做什么事都独来独往。反依赖的标志和信号如下。

1. 你有抑郁的感觉，但你不知道为什么。

2. 你长期有莫名的想逃跑或寻死的愿望。

3. 即使童年很快乐，你记忆中的童年也是孤独的。

4. 其他人说你冷漠。

5. 亲人抱怨说你情感上很疏远。

6. 你更喜欢自己做事情。

---

① 乔尼丝·韦布，克里斯蒂娜·穆塞洛．被忽视的孩子：如何克服童年的情感忽视 [M].北京：机械工业出版社，2018：85.

7. 很难开口请求帮助。

8. 你在亲密关系中不舒服。①

这类人与他人进入亲密关系，或者别人对他表示亲近的时候，他会觉得怪怪的，这就是反依赖的特征。这类人不愿意跟别人交流，喜欢一个人待着。

不切实际的自我评价

很多人喜欢贬低自己，对自己的评价很低，明明自己各方面都挺好，但就是始终觉得自己不够好，拼命地改变自己。

不切实际的自我评价的标志和信号如下。

1. 很难确定你的才能。

2. 你感觉到你可能倾向于过度强调你的弱点。

3. 很难说你喜欢什么和不喜欢什么。

4. 你不确定你的兴趣是什么。

5. 当事情变得具有挑战性时，你很快放弃。

6. 你选择了错误的职业或换了好几次工作。

7. 你经常觉得自己像"一颗卡在圆孔中的方钉"，有一种格格

---

① 乔尼丝·韦布，克里斯蒂娜·穆塞洛. 被忽视的孩子：如何克服童年的情感忽视 [M]. 北京：机械工业出版社，2018：93.

不入感。

8. 你不确定你的父母对你的看法。[①]

毫不同情自己，只同情他人

我就曾见过这样的人，他们说起别人的事情时，语气中充满同情，说"别人真不容易，真是可怜，我们都应该帮帮他们"，但是自己再怎么受苦受累，都觉得是应该的。这个特征的具体表现如下。

1. 其他人经常会请你出来聊聊他们的问题。
2. 其他人经常会告诉你，你是一个善于倾听的人。
3. 你无法容忍自己的错误。
4. 你的头脑中总有一个批评的声音，指出你的错误和缺陷。
5. 你对自己比对别人更加严格。
6. 你经常生自己的气。[②]

这个特征在生活中很常见。很多人只要别人一有需要，他都愿意帮忙，但是自己遇到困难，哪怕是身体出现了问题，他都是能扛

① 乔尼丝·韦布，克里斯蒂娜·穆塞洛.被忽视的孩子：如何克服童年的情感忽视[M].北京：机械工业出版社，2018：98.
② 乔尼丝·韦布，克里斯蒂娜·穆塞洛.被忽视的孩子：如何克服童年的情感忽视[M].北京：机械工业出版社，2018：101.

就扛，能不表现出来就不表现出来。这是典型的童年时期受到过情感忽视的表现，他们毫不同情自己，只同情他人。

具有负罪感和羞耻感

这个特征的标志和信号如下。

1. 你有时没有明显原因地感到沮丧、悲伤或愤怒。

2. 你有时候感到情绪麻木。

3. 你有一种感觉：你有什么地方不对劲。

4. 你觉得你和别人不一样。

5. 你倾向于压抑感情或避免动感情。

6. 你试图隐藏你的情绪，这样别人不会觉察到。

7. 你会觉得自己不如别人。

8. 你觉得你没有理由活得这么不开心。①

对自己生气和自责

书里也有相关的具体表现，在这里就不为大家一一列举了。

很多人都有这种情况，其实如果能随缘一些，不那么苛求完

---

① 乔尼丝·韦布，克里斯蒂娜·穆塞洛. 被忽视的孩子：如何克服童年的情感忽视 [M]. 北京：机械工业出版社，2018：104.

美，用成长型心态允许自己慢慢进步，就比较容易原谅自己；但如果整天生自己的气，不原谅自己，只会让生活更不尽如人意，因为人越是不断责备自己，越是不会有动力去改正，如果能够对自己宽容一些，进步反倒会更快。

认为自己有致命的缺陷

有这种特征的人总觉得自己某些方面非常阴暗，不能让别人发现，因此他们不敢跟别人深交，不敢跟别人敞开心扉地聊自己的事。他们可以听别人的故事，但不愿意讲自己的事情。因为他们觉得，如果有人真的了解自己以后，一定不会爱自己。

难以关爱自己和他人

如果一个人小时候没有得到过足够的爱，情感被忽视，那么他很难在长大以后恰如其分地去爱别人。他会拿捏不好尺度，可能会像他的父母那样过度地补偿，或者过度地冷淡，他不知道关爱他人的那个合适的点到底在哪里。对他们来说，与人舒服地相处是最困难的事。

自我约束能力差

很多自我约束能力差的叛逆的孩子都曾被情感忽视，他们的父母要么是工作忙得不可开交，根本不管孩子，要么是溺爱孩子或有家庭暴力。我上小学的时候，班里有个很叛逆的"小霸王"，经常在学校打人，据说他的爸爸每天都会打他。这个"小霸王"的暴力症状正是源自家庭暴力和情感忽视。

具有述情障碍

什么是述情障碍？直白地说就是不会好好说话，情绪十分不稳定，经常毫无理由地发火。述情障碍发生的原因在于分辨不清自己的情绪，唯一能够识别的情绪就是愤怒，对于沮丧、担心、关怀等情绪无法正常表达。

你们有没有见过把关怀变成愤怒的人？我见过特别多。比如关系特别好的夫妻，妻子的手划破了，丈夫却上来就发飙："你怎么这么不小心！"妻子就会很委屈："我手都划破了，你怎么还这样说我？"这个丈夫实际上是出于关心，但他不会表达，遇到任何令他拿捏不准的情绪时，都把它变成愤怒表达出来，这就叫作述情障碍。

这个特征在生活中非常常见，往往也是来自小时候长期的情感忽视。如果父母没有跟孩子做过必要的情感交流，孩子就不会跟别人表达情感，也不会使用关心、担心或焦急的口吻，而是直接变成愤怒。

被情感忽视的孩子成年后最严重的后果，就是自杀。许多自杀的人，如果追溯他的过去，都有被情感忽视的经历。一个人放弃自己的生命，不是一件容易的事，他一定是累积了很多的情绪，才会做出这样的决定。

以上十个特征都是情感忽视所带来的。接下来我们要考虑的是，如何改变当下的状态，走出被情感忽视的阴影？

走出被情感忽视的阴影

了解阻碍成功改变的因素

在做出行动前，我们要知道改变的过程中都有什么阻力。

第一个阻力在于我们对于改变的错误期待。很多人以为看完这本书就能立刻起作用，明天就能改变现状，然而这是不可能的。在改变的过程中，如果我们耐心有限，很容易把挫折、障碍及中间的徘徊期当作失败，以为这些方法无效，因此轻易放弃。

对于改变错误的期待其实来自一种习惯，一种用了几十年的思维方式，即使想改，也很难在短时间内改好。

经常有父母问我："樊老师，听了你讲的亲子教育的内容，我觉得我以前全做错了，你现在能不能告诉我一个方法，让我改过来？"他们觉得育儿书里讲的内容学起来见效太慢，什么非暴力沟通，什么情感引导……太慢了，他们只想学一招，一用就灵的那种。

　　我只好这样回答："种一棵树最好的时间是十年前，其次是现在。十年前如果没能种下这棵树，那就今天种，只有从今天开始改变，一点儿一点儿用正确、有爱的方式，用非暴力沟通、情感引导等方法去跟孩子互动，你才能看到孩子一点儿一点儿地改变，而超高的期望反倒可能让人更快地放弃。"

　　第二个阻力就是逃避。很多人知道自己存在某些问题，但是假装不知道，甚至强迫自己不去想这件事。

　　你不去想这件事，这件事也存在，就像荣格说的那样："当你的潜意识没有进入你的意识时，那就是你的命运。"当你没有直面潜意识的勇气，没有了解你的潜意识在自己身上怎么产生作用时，潜意识就掌控了你的人生。你会不知不觉地做错很多事，不知不觉地跟着那个潜意识去伤害别人、伤害自己。你如果始终持回避的态度，那么就会永远被它所掌控。

　　第三个阻力就是不适感。试想一下，你习惯于用右手拿筷子吃饭，但今天突然让你换成用左手，会不会夹菜很费劲，饭都吃不香了？这就是不适感。你看，就算是学用左手吃饭这么简单的一件事，都需要经历一段不适的过程。如果你拒绝这个过程，觉得这个过程会让自己变得不像自己，或者你根本不想改变现状，那么你就永远无法改变。

正确对待情绪

我们往往对自己的情绪不了解。很多人误以为是情绪让我们变成了"魔鬼",然而其实是压力让我们变成了"魔鬼"。在面对情绪的时候,我们总是错误地把情绪当作压力,因为有压力掺杂了进来,我们才会做出很多奇怪的反应。

如果能把这两件事剥离,准确地认识情绪,你就会发现情绪并不是负担,而是生活中的必需品。每一种情绪都承担了信使的作用,是来传递信息的。因此,情绪来的时候,你要先搞明白它背后传递的是什么。情绪背后往往有深层的需求,先了解清楚需求,再慢慢地放走这种情绪,这才是应对情绪的正确方法,而不是一味地压抑和控制情绪。

情绪也是人与人的联系中非常重要的信使,如果人忽视自己的情绪,不仅可能会生病,会抑郁,会消耗精力,会发脾气,会感到空虚,还可能会有糟糕的人际关系。当你一有情绪就说"不生气、不生气""这没什么没什么",总是否定、压制、逃避,你会发现自己什么信息都没有得到,根本不会从情绪中学到任何东西。

那么,我们应该如何做出改变呢?这里有四个步骤。

第一步,我们要学会识别自己的感觉。几乎所有的心理学疗法的第一步都叫作觉知,也就是感受自己的感觉。很多人时刻都能感受别人的感觉,感受别人的情绪是生气或开心,但就是不会感受自己。多问问自己"你今天高不高兴"，这就是觉知。

这里介绍一种工具化的方法。画一个表格，在这个表格里填上你当下的感觉，每天填三次。比如早上起来时，写下当时的感觉；工作了一会儿，在休息的时间记录此刻的感觉；等等。然后问自己两个问题，第一个是：我有什么感觉？第二个是：我为什么有这种感觉？这就是关于觉知的修炼。认知自己的情绪是走出被情感忽视阴影的第一步。

第二步，接受并信任你的感觉。你要知道，没有所谓的坏情绪，不理性的表现是有原因、可掌控的，它往往发生在压力之下，而不是在情绪之下。当你能够好好观察自己的情绪时，你的压力反而会减小。当你内心产生了一种情绪，不要责备自己，不要总想逃避、压制，不要总想尽快摆脱，观察它才是很重要的。

第三步，学会有效地表达感觉。感觉是可以说出来的，只是很多人不会表达。比如夫妻俩吵架，双方都很生气，这时候很多人的表达方式是指责，比如"你是个浑蛋"。但是，这根本不是在表达情绪，指责别人看似让我们减压了，实际上只是因为我们小时候经常被人指责，所以我们通过不断地指责别人，来宽慰自己这不是自己的错。用指责的方式表达情绪根本无助于情绪的舒缓，反而会让情绪变得更加激烈，人际关系也会变得更加糟糕。

有效地表达情绪就是真实地描述它，比如：我真的觉得很生气，我此刻觉得很委屈，你的话让我觉得很孤独。不要用指责替代情绪表达，而要把你的感受表达出来。

第四步，认识、理解、重视人际关系中的情绪。这个步骤最好的练习场所，一个是友谊，一个是婚姻。你可以在和朋友、伴侣相处的过程中尝试识别情绪，然后谈论情绪、表达情绪。

在练习中，可以按照以上四个步骤：观察自己的情绪，不要排斥它、恐惧它，而要接受它、观察它，并通过有效的表达让对方感知你的情绪，让情绪给你带来信息、带来改变。

学会自我关怀

曾被父母情感忽视的我们，现在该如何补救？让父母来补偿是不切实际的，就算我们现在告诉父母要重视我们的情绪，也没有那么多时间和他们待在一起。真正能治愈我们的，是自我关怀。

关爱自己

自我关怀的第一个层面是关爱自己。

第一，要把自己的感受放在首位，学会说"不"。比如当你很忙，别人却一直找你倾诉的时候，你可以说"我没时间，现在不行，对不起"。我现在每天都会说很多次"不"。当我很难挤出时间参加一个论坛，做一个演讲，外出吃一次饭，我唯一的办法就是拒绝，我会说"抱歉，我实在没有时间参加，我还有我的生活"。

也许从前你没有勇气说这么多"不"，但当你说了这些"不"以后，你会发现别人会尊重你，尊重你的生活节奏。另外，当你扛不住的时候，不妨张口问问别人，寻找一下能够给你带来足够支撑的人，适时寻求帮助也是关爱自己的表现。

另外，要关心自己的好恶。我们要知道自己喜欢什么，不喜欢什么，明白哪些东西能够为自己带来快乐。

我在跟我父母沟通的时候，就发现不知道怎么让他们高兴。除了我的日子过得很好，他们看着会高兴一些之外，好像没有什么事是能让他们高兴的。我问他们想吃什么，他们会说吃什么都行；问他们想去哪儿玩，他们会说哪儿也不想去。他们好像总是很难有一个自己想要的东西，或者很难找到属于自己的乐趣。

如果我们到了晚年都是这种状态，那生活的乐趣何在？我们得去发现自己的好恶，学会给自己安排一些活动，让自己能够开心快乐。

第二，调节饮食。如果你读过一些关于健康、养生的书籍，你就会发现吃饭是非常讲究的一件事。比如常吃快餐对身体无益，如果总是拿高热量、低营养的食物当作正餐，身体会越来越糟糕。

第三，锻炼身体。养成规律地锻炼身体的习惯，找到一个锻炼身体的方向。

第四，学会休息和放松。最好不要放任自己休息太长时间，也不要缺乏休息，掌握一个合适的度。

提升自我约束力

自我关怀的第二个层面是提升自我约束力。

我相信这个话题很多人都很关心，很多人都希望提升自我约束能力，但就是做不到。这里介绍一种方法，叫作三件事计划。

每天都列出三件自己不想做但应该做的事。

拿我自己来举例子，我今天应该下楼跑三圈，但这是一件我不想做的事，因为我不爱跑步，这就是我列出的第一件事；我想摄入维生素 C，打算空口吃一个柠檬，但我不愿意做，这可以作为第二件事；孩子找我玩过家家，我不太想玩，但我决定今天陪孩子玩一次，这就可以作为第三件事。

列完三件事之后，再列出三件特别想做但应该忍住不做的事。比如特别想玩手机，但让自己两小时内坚持不玩，这就算一件；特别想吃肉，但决定今天不吃肉，这也是一件。通过这种方式来控制自己的行为。

用列清单的方法，将这三件应该做、三件不做的事记下，完成后逐个画钩。改变不是一件容易的事，而是一个长期的过程，我们可以尝试用这种方法来逐渐提升自我约束力。

其实，之所以这么强调自我约束能力，是因为被忽视的孩子长大后特别容易在这方面有所欠缺。提升自我约束能力背后的含义是什么？如果真的坚持了下来，它将改变人的自尊水平——比如我现在坚持跑步，能够每一次都达到教练的要求，我的自尊水平就得到了大幅度提高。

过去我的朋友建议我跑步，我说我就不是个跑步的人，我跑不了。那时我觉得在跑步这件事上，自己就是不如别人。因为我在这方面的自尊水平低，所以一直不跑步。但是慢慢地，在教练的帮助下，当我真的跑了几次步以后，我的自我评价改变了。我会告诉自己，别人能跑，我也能跑，甚至可以比很多人跑得还好。在这样的正向反馈下，我就更有动力继续提升自己的自我约束力。

自我安慰

自我关怀的第三个层面是自我安慰。

我认识一个讲师，每天都有很多人听他讲课。当他压力很大的时候，他有一个放松的方法，那就是观看随身带着的他和他女儿的视频。那是他女儿小的时候跟他坐过山车时拍下来的视频。虽然他的女儿现在已经 18 岁了，但每当心情不好时，他就会把那个视频拿出来看看，一看心情就变好了。

我们也可以找到一个属于自己的自我安慰的方法，让我们能在焦虑和不开心的时候，一下子开心起来。

我的自我安慰的方法是正念。当我压力大、感到烦躁的时候，只需要用手摸一下手边的杯子，感受它的质感，感受它的温度，就能一下子回归当下；再喝一口茶，体会一下茶的味道，压力就消散了。这个杯子的温度是怎样的都没关系，我只需要摸着它的时候去感知它。通过这种方法，我就能快速地回归到一个压力正常的状况。

很多孩子在焦虑时，会抱着一床小被子或小毯子，只要攥着这床小被子或小毯子，他们就感到很安全，这是他们自我安慰的一种方法。对于成人来说，很多时候我们也需要自我安慰，也需要一个适合自己的自我安慰方法。

同情自己

自我关怀的第四个层面是学会同情自己。

学会同情自己，就是别对自己有太严苛的要求，允许自己做个普通人。没有人是完美的，如果你的脑海中不断有个声音在强调"你还不够完美，不够努力，应该做得更好"，那么你可以回忆一下，在童年时期，你的父母或者其他人是否在不断向你施加你应该变得完美的压力。

现在你已经长大，你得学会允许自己做个普通人——我就是我，独一无二。我接受自己真实的样子，并不意味着我不改变，而意味着我不再批评自己，我不再觉得自己有什么地方是可耻的。我客观看待自己的优缺点，知道自己喜欢什么、不喜欢什么。这就是同情自己。

做好以上这四点——关爱自己、提升自我约束力、自我安慰、同情自己，就能帮助我们逐渐学会自我关怀，从而慢慢摆脱被情感忽视的阴影。

停止情感忽视的代际传递

最后，我们探讨一下如何让情感忽视的问题终结。

在世界范围内终结这件事当然很难，但如果你希望在家庭中、生活中让情感忽视变得越来越少，是可以做到的。我们需要注意以下两点。

第一，重视情感。情感忽视最本质的问题是什么呢？就拿本文开头的例子来说，其实父母不是不能拒绝孩子、对孩子提要求，而是在拒绝孩子、对孩子提要求的时候，要重视他的感觉和情感。对于孩子的情感需求，父母要表示理解，要告诉孩子，知道他很想玩，知道他玩得很开心，自己也觉得很开心。

只有父母跟孩子产生了共情，孩子往往才能获得跟别人产生共情的能力。相反，如果孩子从小到大的情感经常被忽视，父母只在乎成绩、排名、时间表，那么他往往无法获得共情的能力，从而很难跟别人建立情感联结。

父母可以在孩子很小的时候就开始跟他进行情感方面的沟通，

让他识别各种各样情感类的词汇，这样他才能成为一个情商高、有能力对他人产生共情的人。

第二，视孩子为独立的个体。不要把孩子当作自己的延伸，或实现自己梦想的人。很多父母会对孩子说"我没有上过一个好大学，你一定要上一个"，把所有重担都压在孩子的身上，让孩子承担一个和自己无关的责任，去完成自己父母的梦想，这样的做法太不明智了。

把握好这两点，就能很好地避免情感忽视的代际传递。

对于曾经被父母情感忽视、如今已为人父母的我们来说，想给孩子更好的家庭环境、更多的爱，请先学会关爱自己，识别自己的情绪，表达自己的情绪，让自己成为一个有约束力、善于表达情感、善于沟通的人，如果能做到这一点，家庭氛围就会更加和谐。

相信很多人看了本文都会回忆起自己的童年，想起小时候被情感忽视的经历，但是希望大家不要过度地悲哀，更不要过度地抱怨，因为所有发生的事，一定都有它的原因。我们的父母在他们所受的教育和所处的成长环境下，能够做到那样已经很不容易了，我们更应向他们表达感恩。当我们对父母表达感恩的时候，我们的内心也会变得更加丰盈、有力量。

抱怨、批评、后悔都无助于修补内心的伤痛。只有感谢，只有了解，只有获取知识，只有不断地践行，才能够让我们一步一步地发生真实的改变。

第 3 节　学会自我关怀

Taco 解读《自我关怀的力量》

对于自我关怀这个话题，如果没有加以了解，人们很容易把它当成难过时的空洞口号。实际上，自我关怀是心理学的一个重要研究领域，它的应用远不止治愈情感忽视的创伤，而是适合每一个希望善待自己、获得幸福的人。作为父母，我们只有懂得自我关怀，才能有效化解不良情绪，真正与自己和解，给孩子营造更加快乐、健康的家庭氛围。

心理学–自我关怀领域的创始人名叫克里斯廷·内夫，她是得克萨斯大学人类发展学副教授，在 21 世纪初首次将自我关怀作为一个研究领域和终身研究方向，成为该领域的先驱。她的理论著作被翻译成十几种文字在世界范围内传播，其理论的奠基之作就是我解读的这本《自我关怀的力量》。

何为自我关怀

据说，世界上 78% 的人都是对别人比对自己更好。我们当中的很多人在要好的朋友或者爱人遭受困境或挫折的时候，都能理解、安慰、鼓励和支持他们，而当自己遭遇同样问题的时候，却会不停地批评、打击、苛责自己。

你是否也有过类似的情况呢？

做错一件事，就会烦恼好几天，即使偶尔春风得意，也会暗自觉得自己实际上一无是处，完全开心不起来。如果因为一件小事被老板或同事批评了，就会久久忘不掉，一直批评自己怎么又犯了这种低级错误，担心老板或同事因为这件事看不起自己。

平时跟人讲话都很顺畅，但有一次当众做工作总结，你讲得磕磕巴巴的，下台之后觉得自己表现得太差了，一直埋怨自己：别人都讲得那么好，怎么就自己讲得不好；一点儿自信都没有，真是糟透了。

在亲密关系里，你不知道如何恰当和自如地表现自己。对方讲了个笑话，你觉得挺有趣的，但不好意思大笑，就抿着嘴笑，然而对方以为你不喜欢这个笑话，就不讲了。于是你又在心里琢磨：我是不是打击他了？我是不是应该跟他道歉？他会不会觉得我笑得不走心，觉得和我没什么共同语言，会不会不喜欢我？

比起自我关怀，我们似乎更擅长自我批评，但自我批评并不会让事情变得更好。当我们一遍又一遍地对自己说"我很糟糕，我比不上别人"的时候，其实是在不停地给自己负面的心理暗示。慢慢地，我们就真的看不到自己的优点和亮点了，真的开始发自内心地认为自己很糟糕，怀疑自己的潜力，对未来也不抱希望。

而且越是习惯批评自己的人，越需要其他人来告诉他、安慰他：你真的不错，你没有自己想象的那么糟糕，你可以做好的。借助外界安慰是把自己从负面情绪里拉出来的有效方法，但是，因为他们太在意别人的安慰和鼓励，当他们没能得到别人的安慰和鼓励时，反而会陷入对抗、逃避或更痛苦的境地。

关怀自己，才能以正向的方式脱离负面情绪，让内心自然生出力量。学会自我关怀，便不再需要依靠太多外界的鼓励，靠自己也可能从困境和负面情绪里走出来。

关怀，是对痛苦遭遇的觉察和洞悉，是对苦难之人的善意，因此自我关怀就是指以宽容和慈悲的态度来对待自己。它主要分为以下三步：

首先，停止自我批评；

其次，看到痛苦是人类共通的情感；

最后，用积极的语言和行为安慰自己。

说到这里，似乎自我关怀是件很简单的事。它的确不复杂，但我们要懂得区分什么是真正的自我关怀：它是具有力量的，是能让我们真正感受到自我价值、爱自己并激励自己成长的，而不是形式主义的、虚假的、无效的东西。

真正自我关怀的力量会一层一层释放，共分为三层：

第一层，消解负面情绪，把我们从痛苦的泥淖中拉出来；

第二层，获得稳定的自我价值感，让自我价值有据可依，让我们有爱自己的底气；

第三层，在爱自己的前提下，用爱激发潜能，助力成长。

要实现这三层力量的释放，我们需要借助一些实用可行的方法，这些方法将在下文中逐一讲解。

自我关怀的三层力量

第一层力量：消解负面情绪

很多人在遭遇挫折或者身处困境的时候，会不停地反思自己没做好的事，但当我们的注意力全部被负面情绪占据的时候，是没办法感受到幸福的。即使朋友安慰我们"不要再想了，快从这件事里走出来"，情绪也很难得以缓解。

其实问题的关键在于，人类大脑里本身就存在一种消极偏向。当积极信息和消极信息同时摆在我们面前时，大部分人都会先注意到消极信息，而且在整合所有信息做判断的时候，消极信息也比积极信息占比更重。

比如，我好不容易进了一家梦寐以求的公司，接了一个很想做的项目，前期都进展得不错，领导也很认可，但在项目进行的过程中，突然出了比较严重的纰漏，领导找到我，说项目整体都做得挺好的，但是这个纰漏有点儿大，以后要注意。即使领导没有责怪我的意思，我也很难听进去他所说的项目整体还不错，我不会认为领导只是提点我一下，让我以后改进，而是彻底被那句"这个纰漏有点儿大"笼罩了。我会不停地责备自己：我当时怎么就没再多想一想？我是不是要被领导放弃了？他会不会觉得我担不起这样的责任？

重视消极信息是我们人类在进化中逐渐形成的。在原始社会，消极信息通常意味着危险，如果我们没注意到河边的鳄鱼，没把"出现鳄鱼"这个消极信息的优先级提上来，我们就不会在危机刺激下做出应激反应。反应慢了，我们可能就被鳄鱼吃掉了，这对我们的生存是不利的，所以必须重视它。

那么，当负面情绪来临时，我们应该如何消解呢？

所有情绪都会在身体上表现出来，比如愤怒时太阳穴突突地跳，情不自禁地咬牙切齿；恐惧时喉咙发紧、心跳加速；悲伤时头昏脑胀、抬不起眼皮；等等。不同的人因情绪所产生的身体表现会有所不同，而且随着人的成长，其表现方式可能也会变化，但情绪和身体的反应总会有所关联。

这个时候，我们可以把注意力放到身体上，通过感受身体的反应来让自己快速从负面的情绪里抽离出来。

我们可以尝试在身体上定位负面情绪反应最激烈的区域，感觉一下，反应最激烈的区域是头、喉咙、心脏，还是胃？它们的反应是怎样的？是刺痛、灼痛，还是有压迫感、紧缩感、剧痛感？先感受到它们，用念头从头到脚给身体做个"扫描"，感受自己的身体和情绪。

有时太剧烈的负面情绪在身体上的反应并不激烈，我们只能捕捉到一种全身的麻木和钝感。不必着急，花一些时间调整一下呼吸，然后再一次尝试定位。

这时候，请关怀你的情绪。关怀情绪的办法有两个。

第一个办法，像抚摸哭泣的小孩一样，抚摸自己的情绪，对它说："我知道这很难、很痛苦，但没关系，你可以的，一切都会好起来的。"

当你支持自己的情绪时，就会产生安全感：虽然我做错了，没做好，但这没关系。

就像身边的朋友或孩子犯错时你去安慰他们一样。安慰、抚平伤痛时，人会释放一种激素——催产素，当催产素的水平增加之后，人的信任、镇静、安全感的水平也会增加。这些正面情绪增加了，恐惧和焦虑感就降下来了，负面情绪就能慢慢缓解。

第二个办法是使用一些关怀的意象。

首先，找一个安静的地方坐下来，在脑海中想象一个让你安心的情景，这个情景可以是真实的，也可以是虚构的。比如铺满白色沙子的海岸，有小鹿吃草的森林空地，或是小时候和家人在一起的画面，等等。感受那个情景，想象那个情景里的内容，想象它们的颜色，慢慢让自己的心安静下来。

然后，想象一个心目中理想的关怀形象，可以是家里的长辈，也可以是虚构出来的人物，重点是一位你觉得很关心自己的人。

想象一下，看着你正在经历痛苦，这个人会说什么？他的声音听起来怎么样？他的语气给你传达了什么感觉？当你对生活感到麻木或停滞时，就可以回到这个让你安心的情景中去，安静地待在这个情景里，深呼吸，享受身体和心灵的舒适感。慢慢地，当你的情绪回到了正常积极的状态时，你就可以离开"这里"了。

这两个办法都可以有效舒缓你的消极情绪，让情绪从负面回归正面。

在这个过程中要注意，不要抵抗情绪，因为越抵抗情绪越容易引起反效果；要去感受身体，感受情绪，关怀它们。等你从负面情绪里走出来，身体也更舒服时，就可以出去走一走，或者做个舒展运动，消解负面情绪，重新开始。

按照这样的办法，当负面情绪来临时，我们就不会再被它淹没，而是通过关怀自己的身体和情绪，让自己慢慢走出来，变得更加平和。

第二层力量：获得稳定的自我价值感

个体心理学里有两个很重要的概念——归属感和价值感，这是人类几乎所有行为的两个目的。一个人一旦有了归属感和价值感，就会感到满足。

归属感是指个人融入家庭、团体时所拥有的感觉，知道有人爱自己，知道自己不是一个人，从而感到安全。

价值感是指感到自己能创造价值，知道自己有能力去做事，而且能做好，从而不畏惧挑战，甚至享受挑战。

那么，这两种感觉怎么形成呢？归属感一般来自和抚养者（一般是父母）的依恋关系，而价值感是一种在重要领域的胜任能力，也就是如果个体能在自己所重视的领域取得一些成就，就能形成价值感。

但问题在于，很多人的价值感都依托在别人的评价和事情的结果上：被父母、领导、朋友称赞了就觉得很快乐，被他们忽视了就非常沮丧和难过；某件事做得很好，得了前几名，会很开心，但想到自己没得第一又有点儿难过；对自己价值的评价都依托于外界的评价和结果，拼命追求"赢""最好"与"完美"。

我周围不乏这样的例子。我上中学的时候，班上有个女生特别喜欢弹钢琴。她从4岁左右开始弹钢琴，十几岁就开始参加各种比赛，每次都能获得不错的成绩，为此她妈妈经常表扬她。从小到大赢得各种比赛，被妈妈表扬，给了她很强的价值感。

慢慢地，弹钢琴这件事本身不再让她感到快乐，只有"赢"才让她快乐。如果比赛没拿到好的名次，她就觉得自己特别没用。但比赛总归有输有赢，如果上一次比赛输了，下一次比赛时她的压力就很大，而顶着压力去比赛会影响发挥，再次落败让她压力就更大了，她因此陷入了一种恶性循环。她开始问自己，为什么我总是输？为什么我连原本擅长的事情都做不好？她虽然钢琴弹得很好，但目标设得太高，又没办法容忍自己失败。在一次大型比赛上失败之后，她的心态一下子就崩溃了，从那之后她再也不碰钢琴，整个人也颓废了好久。

当我们把自身的价值感建立在别人的正面评价上时，我们的价值感就会不稳定，这被称为"视情况而异的自我价值"。这一秒有人称赞了你，你的价值感就有所提升，下一秒有人指出你的一个问题，你的自我价值感马上又会下降；今天某件事做得还不错，就觉得自己很棒，但明天犯了错，就觉得自己简直一无是处。因为没有一个能持续确认自身价值感的事物存在，所以情绪就会随着不稳定的价值感像过山车一样急速提升、急速下降，让人感到非常痛苦。

那么，如何用自我关怀的方法让自己的价值感和情绪稳定下来？

这就要说到自我关怀的很重要的一点：不对自己进行评价或者评判。人无完人，要能接受并尊重"自己的形象不是一直完美无缺"的事实，并且要有底气地认识到，所有人都是既有优点又有缺点的，偶尔一次做得不好，又怎么样呢？

这样，我们就不会一直在心里想"我是好的还是坏的""我是优秀的还是差劲的"。我们不必这样想，也不用去比较，每个人都既有优秀之处，又有差劲的地方，别人的评价和事情的结果都会随着时间发生变化。

这里我想举"汉初三杰"之一韩信的例子。在韩信发迹前，他既没被推选成官吏，也没什么谋生之道，所有人都觉得他只是个混混。关于他，有个胯下之辱的典故，即有个看不起他的年轻人让他当众从自己胯下钻过去。当时很多人围观，也有很多人嘲笑他。我们现在想想都觉得这太丢人了。

韩信当时没有工作，饥一顿饱一顿的，有一位漂丝绵的大娘同情他的遭遇，在漂丝绵的那段时间里天天给他准备饭。韩信很感动，说以后要报答她，但大娘不信，大娘说，你连自己都不能养活，我是看你太可怜了才给你吃的，难道还要你报答吗？就连这么一位善心的大娘，也不相信韩信以后能出人头地，做出一番事业。

韩信根本不在意外人对自己的评价，他心里有自己的目标，后来他在乱世中寻明主，先投项羽，又投刘邦，立下一番事业。我们能想象得到，在他功成名就之后，原来嘲笑他的人对他的评价就会发生变化，甚至连他忍受胯下之辱这件事，也有人觉得是"所求甚大，能忍辱负重"。

所以，不要过分在意别人的评价，不要执着于当前的结果。如果是自己想做的事，就持续去做，即使现在不成，只要一直积累，一直努力，总有机会成功。等事情的结果变了，其他人的评价自然也会变了。

我们要把关注点放在当下，把自己从痛苦的情绪里抽离出来。外界的事情随时都在变化，成功或失败来来去去，它们都不能片面地为我们的人生下定义，也不能决定我们的价值感。

你是一个什么样的人，你的价值在哪里，不是别人说了算。当价值感来自内心深处，我们就会感到有一种坚定的力量，更能积极地去面对挑战，也更觉得自己值得被爱，更有爱自己的底气。

这是克里斯廷·内夫经研究后证实的。通过较长时间的追踪，克里斯廷·内夫发现，把自我价值和自我关怀联系起来的人，价值感和积极情绪更稳定、更持久。他们不会把价值感建立在一件特定的事情上，比如社会赞许、竞争成功、别人认为他有魅力等。他们内心有很坚定的力量：作为一个人，我就是有价值的，我就是应该得到尊重，我就是值得被爱。

大家可以做一个小练习——寻找价值感的"骗子"。找出那些给你虚假价值感的东西，它有时让你觉得特别快乐，有时又会让你觉得特别难受，让你的价值感一直上下起伏，不能稳定和持续。这些"骗子"——工作、体重、自己内心那个扮演父母的角色，等等，你可以找出五六个或十个，重点是要找出这些"骗子"。

你可以问自己以下三个问题，看自己的答案会不会发生变化，以此辨别你的价值感是不是更多地依托在别人身上。

1. 我想要比别人更好吗？还是说只要和他人联系在一起就会快乐？

2. 我的价值感是源自自我认同，还是作为人类的身份？

3. 我想要完美还是健康？

心理学的练习题没有正确和错误之分，它只是为了让我们更好地了解自己。这是一种对比测试，通过对比反问让我们尽可能把重心放在自己身上，放平心态和自己对话，从而找到这些"骗子"。

我找出的一个"骗子"就是工作。在工作的时候，领导说我做得好，我就开心；说我做得不好，我就很沮丧。做这个测试时我刚好处于低谷期，获得了一份不合适的工作。当我问自己这些问题的时候，我才发现：我一直期待得到领导的认可，却没有想过自己的感受。当我开始更加关注自己时，才意识到自己根本不喜欢也不适合这份工作。我开始思考自己到底喜欢什么、适合什么，于是我决定去自己喜欢的行业和岗位做一些自己想做的事，而不是留在这里。想明白了这些，我跳槽去了更适合我的公司。

我们如果用"自我"去过滤"经验"，就能把关注点更多地放在自己身上，"自我"就会提升。这并不意味着自私，而是我们终于能够关注自己的感受和需求，明白自己的感受和需求同他人的一样重要，能够拒绝那些我们实际上不想要的东西，不再委曲求全。

当内在力量一点点增强时，我们就更敢于爱自己，也敢于被爱。

第三层力量：用爱激发潜能

在很多人的传统观念中，人们往往提倡严厉的教育，似乎只有这样孩子才不会懒惰，才能激发孩子学习的力量。其实这种观念并不可取。

批评是如何让人取得进步的呢？有一个重要的因素是恐惧。被批评本身不是一种好的体验，尤其是被当众批评。孩子的自尊心很强，被批评是孩子心中非常大的事，所以为了不被批评，他们会逼着自己去达到父母的目标。他们达到这个目标的核心动力是恐惧，当这种恐惧的力量太大，他们就会焦虑，生怕自己做得不好，但特别焦虑又会让他们不能专心做事或学习，进而可能导致更差的结果。

另外，这种批评教育还会造成前面所说的"自我批评"。孩子是会模仿父母的语言的，当父母一直说他不行时，他以后也会这样说自己，这对孩子的成长及其长大后的行为反应都会产生负面的影响。所以我们不管是对孩子还是对自己，都不要用这种批评的方式去激励，而要用关怀的方式。

"蓄杯理论"认为，孩子的情感需求就像一个杯子，需要父母往里面不停地注入爱意，这样孩子才会感到安全，才有勇气向外探索。经常被批评的孩子，往往是在父母的驱使下去探索，如果失败，他们心里会有很大的压力；而感受到父母爱意的孩子，即使探索失败，也能很好地走出来，他们知道父母的爱是不会改变的，就算失败也没关系，所以能以平常心去面对挫折。

这就是爱带来的力量，它会给我们带来安全感，而不是压力，爱不是推着我们往前走，而是激发我们想要向前走的自主性。当爱自己、关怀自己时，你就会自发地去做能让你学习和成长的事。你会把目光放得更长远，愿意为了长期的幸福而努力。

我有一个朋友，他从前日子过得浑浑噩噩的，对自己没有信心，总是觉得自己干什么都不行，随随便便找份工作做着就行了。后来他觉得自己不能再这样下去了，于是开始找一些书来看，想找一些喜欢的事情来做。那时候他对互联网很感兴趣，想进互联网行业试试。

他居住的城市没什么互联网公司，想从事互联网行业就意味着要换个城市、换份工作，这样做风险很大，父母肯定也有意见，他自己也犹豫了很久。最后，另一位朋友的话促使他做出了决定，那位朋友说："你好不容易有件自己喜欢又想做的事，就不要总想着父母或其他人的看法，你应该优先考虑自己的想法。"

这句话让他看到了自己的需求，他开始明白自己的需求和父母的一样重要，不能因为父母希望自己留在家乡，就完全不顾自己的想法。至于其他人的评价，他也看开了，真正的朋友其实都支持他的想法，不会随意评判。

于是他开始学习互联网行业的知识，看了很多书，学了一些课程，利用闲暇时间接了一些私活，没想到成绩还不错。跟父母沟通好之后，他带着有成绩的作品，快速入职了一家不错的互联网公司，投入了自己喜欢的事业。我再一次和他见面时，发现他不再像从前那样颓废闲散，他明白了自己的方向，愿意为了未来努力奋斗，精神状态也越来越好。

人的目标分为两种，一种是学习型目标，另一种是表现型目标。

学习型目标，就是我们真的对某件事感兴趣，渴望了解它，被内在的好奇心驱动，于是更有动力，失败了也不怕，因为我们会觉得失败也是一种宝贵体验。

表现型目标，就是我们致力于在别人面前表现得很好，以显示自己在这个领域很优秀。因此我们会一直反问自己：我到底有没有更胜一筹？我能不能得到别人的称赞？我们会害怕失败，因为失败往往意味着得不到别人的称赞，这件事就"白做了"。

有表现型目标的人，在设定目标去学习时，不会去看自己到底学了多少知识，他们只想表现；但有学习型目标的人就是想获取知识，他们不会太在意结果和评价方面的事。从长期来看，学习型目标比表现型目标对人的促进作用会更大。

关怀自我，找到自己内心深处真正想要的东西，用爱去驱动学习，抛开对结果和评价的在意，长此以往，我们就会在自己喜爱的领域越做越好，幸福感也会变得更强。

　　这就是自我关怀的作用：把我们从负面情绪里拉出来，让我们获得更稳定的价值感，把我们从"希望被爱"变成"爱自己"，让我们在爱自己的前提下，实现自我成长。

自我关怀的核心

　　如何正确地进行自我关怀呢？自我关怀有三个核心要点：善待自己、理解人类共性、静观当下。

第一个核心：善待自己

　　当我们受挫和沮丧的时候，我们经常会进行自我批评，甚至无情地摧残自己，但其实我们应该看到：虽然我们没有展示出自己最好的一面，但是我们努力了，这就是值得尊敬和自我欣赏的。不要求全责备，没有人能做到十全十美，偶尔在困难面前摔个跟头是不可避免的。

　　关怀能激活人体内的依恋和关爱系统。依恋有四种类型：安全型、回避型、矛盾型和紊乱型。这四种类型中，安全型依恋是较正向的依恋类型，代表着父母能察觉到孩子的需求、满足孩子的需求，孩子具有安全感，长大后在人际交往中也会展现出更有安全感的特质。但是，不是所有人都是安全型依恋的人，对于其他依恋类型的人来说，想增强自己的内在安全感，一般有哪些方法呢？

第一是通过他人的帮助增强内在安全感。比如寻求心理医生的专业治疗，或者和安全型依恋的人成为朋友或伴侣，从他们身上获得稳定的安全感，但这些都有一定的门槛。

第二是通过自我关怀建构自己内心的安全感，改变自己的依恋类型。当我们持续给自己关爱和理解，触发催产素分泌时，我们就会感受到安全和信任。这种安全和信任来自我们自己，会比来自外部的更稳固、更持久，这也意味着我们每个人都可以通过关爱和理解自己，让自己变成安全型依恋的人。

我认识一位从小学习舞蹈的姑娘，她的气质和身材都非常好，也有很多人追求她，但她的每段恋情都不太顺利，而且持续时间都很短，她总觉得每个男朋友都总是指责她。

原来在她小的时候，她的妈妈为了督促她把舞蹈练好，总是批评她，即使只是一个小动作出错，也会一直批评她，妈妈批评她时各种各样的场景和手势的记忆，都埋在了她的潜意识里。长大后，当她发现男朋友的某项行为和妈妈很相似时，就勾起了她潜意识里的童年回忆，她就会觉得对方在指责她、批评她，但其实对方可能根本不是那个意思。

后来，她发现这些想法产生的原因是自己内心的不安全感过重，于是开始训练自己在感到不安全的时候做出更友善和更包容的举动。

　　每当她开始批评自己，或者把别人的行为理解为批评时，她就会对自己说："我爱真实的自己，我接纳真实的自己。"当她这么说时，就会想起妈妈批评自己的场景，通过重复这句话与记忆中妈妈的批评对抗。

　　这时候她其实会有点儿悲伤，她能体会到自己童年时被妈妈批评时的悲伤情绪，但因为她在有意识地与妈妈的批评对抗，所以她不再有从前被批评时不敢说话的那种无力感了。她逐渐明白妈妈以前说的不全是对的，并开始相信自己。

　　等她从这种悲伤中走出来的时候，她的想法便不再被"妈妈的批评"牵着走了，而是更有自信，也更敢于相信别人。后来，她改变了自己的依恋类型，也找到了一个很合心意的男朋友，变得能够信任对方，也愿意为对方付出，同时也能更从容地接受这份爱了。这就是自我关怀所带来的改变。

　　另外，当我们能体验到温暖和亲切的感觉时，身体和心理状态也会随之改变。这里教大家一个安慰自己的方法：拥抱自己。

　　我们的身体其实是不知道到底是谁在拥抱我们的，它只会对温暖和关切的姿势做出反应，像小婴儿在妈妈臂弯里感到安全一样。如果不方便拥抱，也可以柔和地抚摸自己的双臂和脸颊，或者轻轻晃动自己的身体，重点是让身体呈现出传递爱、关切和温柔的样子，或者想象自己抱住了自己，这样也能起到很好的安慰作用。

第二个核心：理解人类共性

人都是不完美的，都会经历失败和低谷。我们在陷入痛苦时，很容易把自己和其他的人隔绝开，拒绝敞开心扉，也很难关注别人，只困在自己的痛苦里。

但是越是在痛苦的时候，我们才越应该看到，世界上不仅是自己一个人在经历痛苦，而是所有人都会经历痛苦。看到这一层后，我们就能在痛苦时和其他人建立关联感，这种关联感也会激活依恋系统，让我们感受到和外界的联系。

当我们深知"我不是一个人，有很多人和我是一样的"时，我们就不会被困难吓倒，而能够从容应对。

在得克萨斯大学任教时，克里斯廷·内夫有了一个孩子，取名罗文。在罗文8个月的时候，克里斯廷·内夫发现不对劲，这孩子不会像别的孩子一样，指着一个东西咿咿呀呀，叫他的时候，他也不转头。

克里斯廷·内夫担心罗文有某种类型的发展障碍，于是带他去看了医生，又看了很多书自己研究，但是毫无作用。后来她才发现，罗文患有孤独症。

孤独症儿童会沉浸在自己的世界，和社会割裂，他们中的大部分都不能自己照顾自己，也很难在社会上取得成就。克里斯廷·内夫原本希望罗文以后能像自己一样，取得博士学位，或者成为一名成功的作家，但这些希望都破灭了。当她看到别的妈妈带着正常的孩子时，她会想："为什么他们的孩子都是正常的，只有我的孩子不正常？这对我太不公平了。"她觉得很孤独，没有人懂她的痛苦，所以每天都感到特别难过。

后来她发现自己的状态不对，不能一直这样下去，于是开始进行自我关怀。她对自己说：养孩子的苦都是共通的，即使孩子没有孤独症，也可能会有别的困难和痛苦，比如抑郁、饮食障碍、在学校被欺负、生重病之类的。她渐渐了解到，原来不是只有自己这么痛苦、可怜，当她打开了心扉，想法也发生了变化。

因为自我关怀，她的生活有了变化。

一是她开始体会到生命的不可预测性。每个人都无法预知未来到底会是什么样子的，当她想到自己不是一个人，所有孩子的父母都会经受养孩子的挑战时，她的内心就会变得柔软平和一些。

二是她发现自己能从更清晰的视角看到自己的处境。她不再抱怨其他人都过得比自己好，不再顾影自怜，明白了其他人也有需要面对的问题，有些问题可能比她遇到的还棘手，在这个世界上还有人比自己更值得被关怀。这样她的心里生出一种力量，她能更从容地去帮助罗文。

这件事也让她开始反思这个问题：是不是一定要让孩子符合大众对他的期待呢？不符合期待的孩子，就一定过不好吗？其实不是。每个人都值得被关怀，当然也包括患有孤独症的孩子，以及不符合社会对成功定义的人。

　　理解"我们只是人"，能让我们内心生出慈悲心，生出力量：我只是一个人，有弱点，会经历挑战、失利，这些都是正常的，同时我也有强项，有命运给予的馈赠。有了这样的想法，我们就能更从容地面对困难与困境。

第三个核心：静观当下

　　静观被看成"元觉察"的一种形式，就是当我们感到愤怒时，不是简单地感到愤怒，而是察觉到自己正在感到愤怒；当我们思考明天的工作安排时，不是简单地思考工作安排，而是我察觉到我正在思考我明天的工作安排；当我被水烫了手的时候，我也不是觉得手上火辣辣的疼，而是我察觉到我的手被烫得火辣辣的疼。

　　这不是一个文字游戏，不妨试试看，你现在在看书，沉浸在书的内容里，这是我们平时的感受。现在你用静观的方式，去察觉自己看书的状态，这样你不仅看进去了书里的内容，还有一点意识用来察觉自己的状态。我是如何阅读的？阅读是什么感觉？我是坐着的还是站着的？手里有没有握着一支笔？笔在手里是什么感觉？脚踩在地上是什么感觉？

　　就好像在电影院看电影，当我们被电影的情节深深吸引，心情随着主角的经历时而紧张时而开怀，完全沉浸在电影里时，突然有电话打来，当手感觉到了手机的震动，同时手机屏幕亮了，我们就反应过来：啊，原来我们在电影院看电影。察觉到自己在做什么和沉浸地去做什么，感受完全不一样。

我们平时几乎都是在感受情绪和想法。比如我们看书看到某个情节时，容易联想到自己的经历，联想到自己看过的其他书；或是在寒冷的冬天，发现水杯里的水是冷水，我们会加一些热水进去。这些感受、情绪和想法会一直变化。

而觉察是容纳这些变化的一个"筐"。我们可以觉察到我们喝了冷水，觉察到端起的杯子是凉的，觉察到暖呼呼的热水从喉咙咽下去，热气蔓延到四肢五脏……觉察的内容一直会变，但觉察本身不会变。

当我们用这种方式去觉察我们的经历时，我们就能感受到什么都在变化，喝水、吃东西、和人聊天、思考事情……什么都不是永恒的。那什么是永恒的呢？我们察觉这些变化的察觉本身。

这样一来，我们自己的察觉，就会变成我们感知所有事情的最重要的工具。世界上纷繁复杂的事情来来去去，我们的感受常常变化，它们就和掠过身前的风、阳光和细雨没什么不同，都是不断变化的，而这些不断变化的外物——成功失败、所思所想所感，其实都不能定义我们。真正能定义我们的，只有我们自己。

用这样的心态生活，我们的自我价值感会更稳定，我们不会被眼前的感受、情绪、想法淹没，从而能够更好地面对生活中发生的各种各样的事。

　　如果你很难进入觉察状态，可以试着想象一只鸟飞过天空，鸟上下翱翔，忽高忽低，但天空就只是静悄悄地在那儿看着鸟的变化。这时候，我们要把自己带入天空的视角，鸟是我们的感受、情绪、想法，它们都是会变的，而代表觉察的天空却不会变。我们很难进入觉察状态时就想想这个画面，想想天空，在自己内心深处塑造出一个稳定不变的环境，这样你就能越来越坚韧，越来越坚强。

　　平时，你也可以选择一项固定活动来静观当下，比如在刷牙、通勤、吃饭时进行。当你做这件事时，不要想我今天要做什么，昨天做了什么，而是把注意力放到当下，调动你的五感来感受你现在的状态。

　　如果你在走路，那么走起路来是什么感觉？鞋接触地面是什么感觉？双脚交替变化的时候，重心有没有变化？今天的天气怎么样，是温暖还是寒冷，空气湿度高不高？把你的察觉带到走路的方方面面，注意每次不同的感受。如果你迷失在想法和情绪中了也没关系，将自己抽离出来，继续把觉察带回到行走的体验就可以了。

　　当我们把注意力集中于当下正在做的事情上，而不是被杂事带着走时，我们静观的能力也就自然而然地提升了。平时我们可以去慢慢地散散步，或者冥想，或者慢慢地进行数次深呼吸，这些都可以提升自己的静观能力。

　　人生总会有不如意，如果我们只是纠结于不愉快，那么生命中的痛苦与缺憾都不会消散。反之，学会自我关怀，对自身的痛苦报以仁慈和怜悯，对生活中的缺憾报以宽容和抚慰，我们就能创造出积极的情绪体验。这样，在遭遇痛苦时我们不再只感到痛苦，而能感受到被安慰的安全感；面对缺憾，我们不仅体会缺憾，还能培养出更平和、释然的心态，从而激发我们面对现实的勇气。

希望我们都不再畏惧悲伤和痛苦，用自我关怀的力量，给自己持续和稳定的幸福感与满足感，并在此基础上，成为更好的父母，成为孩子更好的成长领航人。

第4节　好爸爸好妈妈，更是好伴侣

樊登解读《幸福的婚姻》

在樊登读书软件里，我讲过的书被分为三大板块，分别是事业、家庭和心灵。在家庭这个版块里，其实大多数都是关于亲子教育的内容。在为人父母之后，很多人对家庭的关注会更多地放在亲子关系上，开始学习如何教孩子，但实际上，夫妻关系比亲子关系更应该被好好经营。在学会当一个好母亲、好父亲之前，我们应该先学会如何做一个好妻子、好丈夫。当夫妻关系和亲子关系发生冲突的时候，我们也应该以夫妻关系为重。

我在一次线下活动中给读者们讲过一本书，叫作《幸福的婚姻》，因为听说要讲这本书，那天来的几乎都是一对一对的夫妻，讲着讲着，我就看到台下的夫妻们互相挽起了胳膊，越靠越近，那种感觉特别温馨。

这本书的第一作者叫约翰·戈特曼，在美国被称为"婚姻教皇"。他有一个最出名的特长，就是通过观察一对夫妻互动五分钟，就能判断出这两个人将来会不会离婚，据说准确率高达 91%。

　　吵架的夫妻不一定就会离婚，而那些客客气气的也未必就一定走得下去。约翰·戈特曼研究婚姻的方法很特殊，不是研究沟通技巧或者如何表达情感才能处理好关系，而是建了很多座房子，让志愿者夫妻在里面度过一个周末或一个长假，志愿者身上被装上了心跳、脉搏及声音的监测器。他用了十六年的时间跟踪研究了大量夫妻，通过分析这些数据，得出了一整套解决婚姻问题的方法。

　　书中主要提供了七个改善婚姻关系的方法，还提出我们只需在一周之中拿出五小时来做一些简单的实践，就能大大提升婚姻质量。

婚姻关系中的六个不良征兆

　　离婚会带来很多问题。据调查，其中最大的问题就是对寿命的影响，有研究称，离婚会使人的平均寿命比处于婚姻关系中的人短四年；另一个重要的问题就是会伤害到孩子，很多孩子的负面行为、心理创伤都是因为受到了父母破裂的婚姻的影响。所以作为父母，我们有必要学习一下如何更好地经营自己与伴侣之间的关系。

　　在婚姻关系中，尤其要重视以下六个不良征兆。

夫妻之间用苛刻的语言开启对话

有些夫妻间经常以苛刻的语言开启对话，张口就是负面语言，比如"这话我跟你说了多少遍了""你这人就这样"等，当夫妻间用苛刻、讽刺挖苦的口吻对话的时候，就是一个不良的征兆。

末日四骑士出现

西方文化里有一个概念叫作末日四骑士。那么什么是婚姻的末日四骑士呢？

第一个是批评。这里的批评不是指责对方某件事做得不对，而是上升到这个人的人格层面。作者给出了生动的例子：

"你昨晚没有打扫厨房地板，我真的很生气。我们说好了轮流做"，这是抱怨，而"为什么你总是这么不长记性？我讨厌轮到你打扫厨房地板的时候，还要我亲自动手。你就是不上心"，这是批评。

第二个是鄙视。鄙视意味着对另一方的贬损。比如一方觉得另一方彻底没救了，挖苦对方"你做什么都做不成""你这个人就是没毅力"等。

第三个是辩护。发生了批评和鄙视后，被鄙视的一方会开始辩护。

第四个是冷战。在冷战之后，婚姻就开始走向衰败了。

情绪淹没

情绪淹没，就是两个人已经完全情绪化，情绪爆发后控制不住自己，愤怒到大喊大叫、摔东西。

身体指标变化

在婚姻发生矛盾冲突的时候，双方的身体指标变化往往是血压升高，心跳极度加速。

据说在婚姻关系中，85%的男性在遇到矛盾时会选择冷战。这是为什么呢？这跟原始社会的分工有关。在原始社会中，男性承担着保护家庭成员安全的责任，所以他们看到危险的信号就会紧张起来，分泌相关激素的速度比女性快得多，因此男性更容易被激怒，而且情绪也更难平复，也更难承受吵架带来的压力。

而女性在原始社会承担着哺乳的责任，母乳的产出量与母亲的放松程度有关，这就要求女性拥有快速平复心情的能力，因此女性一般在情绪恢复能力方面比男性更占优势。冷战对于男性来说，更像是一种自我保护，因为他们一旦生气，情绪是很难平复的。当然冷战并不是一个好的处理方法。

情感修复失败

什么叫情感修复呢？举个例子，如果夫妻之间发生了争吵，这时丈夫对妻子说："你吃冰棍吗？我给你买一根冰棍吧。"丈夫这个时候正在做的事情，就叫作情感修复。

当丈夫提议"我们别吵架了，来吃冰棍吧"，而妻子如果愿意接招，回复说："吃什么口味的？"那么这两个人的关系就开始缓和了。但是，如果妻子并不领情，而是说："你还跟我谈冰棍？"那么这次情感修复就算失败了。

情感修复有多种方式，有的人会去扯一扯对方的衣角，有的人会开一个玩笑，有的人会去拍一下对方。如果两个人是良性的互动，当妻子生气时，丈夫轻轻拍妻子一下，妻子可能会平复下来，然后就没事了；但如果丈夫拍了妻子一下，妻子转手就是一个耳光，那么两个人可能会打起来。

双方对于婚姻只剩下糟糕的回忆

当一个人说起自己的配偶，就觉得和对方在一起的日子很糟糕，全部都是糟糕的回忆的时候，这两个人的婚姻就濒临破裂了。

婚姻中出现了以上不良征兆的夫妻，应该怎么做来挽回关系呢？没出现过以上不良征兆，希望好好经营婚姻的夫妻，又要怎么做才能预防这些问题呢？下面我们来讲一讲改善婚姻关系的七个方法。

改善婚姻关系的七个方法

第一个方法：完善你的爱情地图

研究发现，夫妻双方互相了解得越多，越不容易离婚。我们不妨问问自己，知道自己的另一半整天在忙些什么吗？有没有了解过他现在有什么烦恼，目前他在工作中遇到了什么挑战？是否知道他周末要参加什么活动，最近交了什么新朋友？

我们不妨把这些对于另一半的了解比作"地图"，这个"地图"是会不断更新的。

我跟妻子是大学同学，我们对于彼此年轻时候的事非常了解，感情基础也非常牢固，但如果我们对于彼此的了解不保持更新的话，几年之内在她身上所发生的事，我就可能会不知道。

完善爱情地图，意味着你要经常跟配偶沟通，互相了解彼此工作的事、兴趣以及正在做的事情等。我每次出差的时候，走到哪里都会给妻子发一条信息，告诉她我现在到了什么地方，下一站是什么地方。我在通过这样的小事不断完善我们的爱情地图，增进双方对彼此的了解。

爱来自了解。当彼此在做什么都不知道，也不需要对方知道的时候，夫妻之间的关系就变得很冷淡了。因此，我们一定要多打听、多了解，当然这不意味着跟踪，而是要跟对方坦诚地互动，让对方告诉你自己的近况。

第二个方法：培养喜爱和赞美

《高效能人士的七个习惯》的作者史蒂芬·柯维有一天在上课的时候，有位学生过来对他说："老师，我想请教你一件事。"

"我现在不爱我的妻子了，我该怎么办？"学生说。

史蒂芬·柯维回答道："那你就去爱她。"

学生说："老师你可能没听清，我说的是我现在不爱她了。"

"那你就去爱她呀。"史蒂芬·柯维说。

学生说："我不爱她了，你怎么还让我爱她呢？真奇怪。"

这时候史蒂芬·柯维说："爱是一个动词。"

是的，爱是一个动词，爱不是简单的一个状态，而是一个动词，所以当你感觉到你不爱的时候，应该怎么办呢？你应该去爱。

夫妻之间如何保持对彼此喜爱呢？最简单的办法就是互相赞美。

这里有个简单的小游戏：拿出一张纸，写下自己配偶的三个优点，比如节俭、做事靠谱、对孩子很好等；在每个优点后面加上一个例证，比如因为某件事你觉得对方很节俭，等等。

写好之后，让配偶也写一份关于你的，然后你们交换看。不要小看这个小游戏，它会给你们带来很多乐趣，也许你们会多几句玩笑，也许你们会觉得很好玩，但最重要的是它会给你们带来内心的成就感，你们也会感到非常温暖。

这在领导力的课堂上叫作二级反馈，你要经常给配偶二级反馈，表扬对方，并且说出为什么，这样对方就会更愿意和你在一起，并且也能够做更多这样令你高兴的事。

第三个方法：彼此靠近

当两个人有更多身体接触的时候，两个人的情感也会更加亲密。

我们可以问一下自己，和配偶出门时还会牵对方的手吗？你们还会不会手挽着手一块儿走？等到了五六十岁、七八十岁，你们会不会依然挽着手一起走呢？

如何做到彼此靠近？这里有一个简单的建议：当你和配偶在家的时候，可以一起做一些事。现在很多家庭讲究分工合作，比如一个人去陪孩子玩，一个人去做饭，分工很明确，但这样就错过了一起做事的机会。而当你们一起做饭、一起陪孩子玩的时候，两人接触的机会更多，双方身体接触的机会也会变得更多。

你还可以邀请配偶一起做更多的事，比如一起去旅游，去看话剧、看电影，创造更多彼此靠近的机会。

还有一个很好的使彼此靠近的方法，叫作减压谈话：比如晚上回到家，彼此聊一聊今天过得怎么样，工作是否愉快等。

如果妻子说："今天我过得特别不愉快，气死我了，有件事让我特别生气。"这时候丈夫常常会告诉妻子："别生气，你想开一点，不要这么小心眼。"丈夫觉得自己是在帮助妻子，但妻子会觉得丈夫是在指导她。

之前我就很喜欢用这种方式和我的妻子说话，在她遇到问题的时候，我会说："那本书你看了没有？看完你就知道如何解决了。"结果很不理想。作为伴侣，我们应该做的不是告诉对方该怎么做，而是与对方进行减压谈话。

减压谈话能够帮助我们对对方感同身受，时刻与对方站在同一战线："真是气死我了，这事真的让我也很生气。"当然，也不必表现得太过夸张，但这种谈话方式一定意味着没有批评、没有说教，只是与对方分担感受。当感受有人分担的时候，人的压力其实就会越来越小，因此这种谈话方式叫作减压谈话。

第四个方法：让配偶来为你做决定

当你学会让配偶替你做决定的时候，你的家庭会变得更加幸福。

拿我自己举例，我妻子很在意房子的装修，而我是一个特别不喜欢操心装修的人，在我们家的装修过程中，我的参与度几乎是零。对于装修我没有做出任何决策，所有的决策都是我妻子做出的，因为她学过美术，我相信她的审美比我高，比我更有品位，比我更懂得搭配。

男女本身是存在差异的，夫妻双方也一定各有所长。比如在一般情况下，女性更加细腻，在人际关系层面做得更好，因此在这方面，丈夫就应该多听听妻子的意见。男女之间要相互尊重，要多说"这事我得回去问我妻子"或"这事我得去问一下我丈夫"，这也会让我们更多地关注另一半的想法和感受。

第五个方法：吵架以温和开场，以妥协收场

夫妻之间难以避免吵架，对于吵架请做到：以温和开场，以妥协收场。

如何以温和开场？比如，当你想指责对方不打扫卫生，正确的方式是直接告诉对方"帮我把那个垃圾倒掉吧"。提出一个具体的要求，其实就是一个温和的开场。如果这个时候你张口就说："你的眼里是不是一点儿活儿都没有？你看不到有垃圾？"这就不是一个温和的开场，而是用鄙视和批评的口吻来做的开场。

再如，"我今天想跟你讨论一下关于孩子教育的问题"，这就是温和的开场，而一上来就指责埋怨，就是一个错误的开场。

夫妻之间可以争论甚至可以发生争吵，但这时候一定要尽量做到温和、就事论事。

在任何一场对话当中都有这样一个原则，那就是如何开始就会如何结束。如果你不知道该怎样把控自己的情绪，可以先把开始做好，把开始做得温和一些，那么很有可能这场对话就会以一种温和的方式结束。

再来说一下"以妥协收场",如果双方都永远不妥协的话,任何谈话都不会有好的结果。婚姻当中要学会妥协,我们应该为了所爱的人做出一些让步。

我们要学会进行情感修复。在发生矛盾之后,可以邀请对方吃东西、逛街、拉拉对方的衣角、开个玩笑等,这些都是情感修复的方法。夫妻之间应该建立一些关于情感修复的默契。

我们还要学会接受情感修复。就算还在气头上,说不出有助于情感修复的话,最起码也要在对方做了情感修复之后能够接受它,这也算是一种贡献。

我们如果能做到以温和开场,以妥协收场,争吵后能够进行情感修复和接受情感修复,那么在争吵的时候,也可以吵得有质量、吵得有建设性、吵得增进情感。反过来,双方如果有矛盾却不吵架,而是冷战、不说话,这才是危险的。

另外,要做到以温和开场,以妥协收场,还要具备一个素质,那就是容忍对方的缺点。不要希望通过改变配偶来改变婚姻,改变婚姻最有效的方法是改变自己。自己有所改变,对方就会逐渐地改变。

第六个方法:与问题和谐相处

在一个家庭中,能够通过吵架、讨论而解决的问题,其实只是一部分,还有一部分是没办法通过吵架和讨论解决的固有问题,那该怎么办呢?

答案是，要学会跟这些难以解决的固有问题和谐相处。一个家庭不一定非要把所有的问题都讨论一遍，也不一定所有观念都要达成一致。

没有一个人、一个家庭能做到百分之百完美，我们只需要跟固有问题和谐相处就好了。这就像我们跟身体疾病的关系一样，我父亲得了糖尿病，这个病无法根治，但可以保养和保健，父亲需要学会一件事，那就是跟疾病和谐相处，不要因为得了糖尿病就觉得人生完了，一天到晚都只盯着这个疾病，而把生活中其他美好的事物都忽略掉。如果只盯着自己的疾病，人生就会变得很灰暗。

我们要学会在婚姻中多关注亮点，关注那些能让婚姻质量变得更高的方法，有问题就坦诚交流，问题解决不了就先放一放，学会跟它和谐相处。

第七个方法：创建共同的意义

夫妻之间相处的最高境界就是两个人能够创造一个共同的意义：这段婚姻是为了什么而存在？如何能够使这段婚姻变得更美好？再深入一些：我们的人生意义到底是什么？

很多夫妻过到最后觉得"没意思了"，原因是什么呢？很多夫妻的目标就是把孩子养大，让孩子上一所好小学、好中学、好大学……孩子一旦长大成人，夫妻二人的生活就失去了意义。如果这个状态持续下去，那么婚姻就开始走向危险。很多夫妻在孩子上了大学以后离婚，就是因为婚姻在他们眼中"没有意义了"。

在婚姻中如何找到除了孩子之外更大的意义呢？不妨和另一半坐下来认真讨论一下，彼此诉说自己在人生中最珍惜的东西是什么，聊一聊彼此的梦想。在对方开始讲他的梦想、他的价值观，讲他认为在人生中最珍惜的东西的时候，请安安静静地听，并点头表示理解。双方在进行了这样层面的沟通，谈过彼此对于生活的期望，了解对方的愿景和规划以后，就可以在某些方面达成一致，构建出关于未来家庭生活的共同愿景。有了这些共同愿景，夫妻双方就可以成为为了这些愿景一直并肩战斗的伙伴，而不是互相斗争。

这就是改善婚姻关系的七个方法，如果你能够一一尝试，相信你的家庭生活也会变得不一样。

典型婚姻问题的化解

学会了以上七种方法，也许还不能解决所有问题。关于婚姻中的一些典型问题，我们还需要单独拎出来探讨一下。

压力问题

有些家庭的不幸福其实来自压力。比如家庭经济压力大，两个人因为一点儿鸡毛蒜皮的事就会发脾气；有的人压力来自工作，在单位被领导批评之后，回到家里对家人发脾气，把坏情绪传递到家人身上，从而产生"踢猫效应"。

如果夫妻间的矛盾来源于压力，应该怎么办呢？这个时候我想推荐大家好好进行"减压谈话"，也就是允许对方在自己面前抱怨，允许对方说一些消极的话，允许对方表达自己的无助、无奈或者气愤。这时候你要表现出理解，因为在这个世界上，另一半最需要得到的理解就是来自你的理解，你能够给他的最好的东西，也是理解，而不是告诉他应该怎么办。

实际上，每个人内心都知道自己应该怎么办，但是当他情绪不佳、压力大的时候，我们要学会用减压谈话的方式来解决问题。

婆媳问题

夫妻之间另一个常见的矛盾，就是配偶和自己父母的关系问题，比如婆媳问题。

在婆媳问题中，如果丈夫被"卷"了进来，并且义无反顾地站在自己母亲这一边，家庭的关系就会变得更加混乱，并且会持续混乱下去。这不仅会伤害夫妻感情，还会让婆婆更无助：因为看着自己儿子的处境，她也会很难过。这是一个多输的局面。

根据戈特曼的研究，从家庭动力学的角度来看，当妻子和母亲发生矛盾时，丈夫应该义无反顾地站在妻子这一边。这不意味着对自己母亲的伤害，而意味着达成多赢。

丈夫应该明确告知自己的母亲："您和爸爸是一个家庭，而我和我妻子是一个更加紧密的新家庭。"很多婆婆没有想清楚这件事，总是介入儿子的生活，觉得自己是这个家庭的主人，这会让局面变得混乱。

当一个家庭有两个女主人的时候，这个家庭就会发生混乱。所以就需要丈夫出面划清界限，并站在妻子这一边。这样一来母亲反倒会觉得轻松。

很多丈夫难以迈过心里这道坎，觉得不站在母亲这一边就是不孝顺，但在婆媳问题中站在自己母亲这一边并不是孝顺。真正的孝顺是让母亲开心，而不是把她拉入斗争当中，让她变得更加不堪，每天生活在焦虑当中。

家务问题

很多家庭会在家务这个问题上争吵。这个问题如何解决呢？站在我个人的角度，不用多说，丈夫应该多干一些活，因为相对而言，丈夫常常做家务比妻子少，因此应该多拿出些时间来做家务。请好好洗碗、拖地、擦东西，如果你也读过《正念的奇迹》，你将能感受到做这些事的乐趣。

更重要的是，对于丈夫来说，做家务能使你和妻子之间接触的机会变多。还记得第三个方法"彼此靠近"吗？当丈夫多做家务的时候，妻子也会变得更加开心。

孩子问题

当孩子来临之后，很多家庭会出现矛盾，夫妻二人除了照顾小孩会变得忙碌以外，也可能会因为花更多的时间去照顾孩子而忽略另一方的感受。对于整个家庭来说，从两个人变成三个人、四个人，是一个新奇的过程。夫妻二人应该努力适应这个新的格局，建立一个新的观念，把家的概念扩充一下，把孩子也包括在内。

对于有了孩子的夫妻来说，家庭的概念不再局限于两个人，彼此之间会产生更多的共同语言。在出去游玩的时候，未必要把孩子甩在一边，带着孩子也没关系，因为你们是一个新的组合。

五小时原则的日常应用

最后，我们来了解一下五小时原则。

戈特曼在书中写道，每周只需要拿出五小时就能够改善我们的家庭状况。那么这五小时该怎么分配呢？

早上道别

早上起来，两个人各自去上班之前挤出两分钟，了解一下彼此今天要做什么，这其实就是实践前文提到的第一个方法，完善你的爱情地图。每天两分钟，五个工作日算下来，每周只需十分钟。

下班重聚

下班之后，两个人就重聚了。重聚时可以拿出二十分钟做一次减压谈话，你们可以一边做饭一边聊，或者一边吃饭一边聊，任何形式都行。当你放下了教育和改变对方的执念，你会变得更轻松。你不需要改变对方，也不需要给对方支招，只需顺着对方说就行了。每天二十分钟，五个工作日算下来，每周需要一小时四十分钟。

接下来，可以每天拿出五分钟的时间来赞美对方，表扬对方，讲一个你认为对方做得很好的事。每周三十五分钟。

再每天拿五分钟向对方表达喜爱，比如拉拉手，挽着胳膊散散步，亲吻对方，靠近对方。每周三十五分钟。

约会

每周安排两小时和对方约会，可以看个电影，也可以出去吃顿饭，或是参加一次朋友聚会。

这些时间加在一起，正好是五小时，有了这五小时，我们就能很好地践行戈特曼所讲的改善婚姻关系的七个方法。

有一位樊登读书的书友曾问我："你说的这些案例，跟我们家的不太一样。"

我问为什么，他说："我们家是因为有第三者介入才出现问题的。"

在戈特曼看来，第三者的出现不一定是婚姻破裂的原因，而更可能是婚姻破裂的结果。在大量的数据统计案例中，第三者都出现在婚姻已经摇摇欲坠的时候。

因此我们在谈论改善婚姻关系的时候，核心是改善夫妻彼此的关系，这才是最重要的。

如果你们的婚姻有着坚实的感情基础，你们的婚姻生活有质量、有意义、有价值，那么也可以在一定程度上阻挡第三者问题的发生。希望这些内容能够对大家有所帮助。改善婚姻关系就是帮助孩子，希望我们都能成为配偶更好的伴侣，成为孩子更好的父母。

第二章

做和善
而坚定的父母

从这章开始，我们将从育儿实践出发，了解科学有效的育儿观念和方法。作为父母，我们需要一套专属于父母的语言体系和科学的养育法则。什么是和善而坚定？育儿过程中存在哪些基本原则？这一章将为大家解答。

第 1 节　正面管教

樊登解读《正面管教》

　　教育学博士、杰出的心理学家简·尼尔森的一本著作，被很多人称作管教孩子的"黄金准则"。这本书被翻译成 16 种文字，畅销数百万册，在全世界范围内产生了极大的影响，帮助了许多孩子、父母和老师，它就是《正面管教》。

　　简·尼尔森不仅是名优秀的学者，也是位成功的家长，有非常丰富的育儿经验，她的孩子们在各自的领域也发展得很好。2016年，我在教育部组织的一个教育论坛上，遇到了从出生就浸润在正面管教的养育环境下、成年后也从事教育事业的简·尼尔森的女儿玛丽。玛丽作为论坛的发言嘉宾，讲的一句话让我特别认同。她说："如果你在管教孩子的过程当中，感觉到痛苦，那么你的方法一定是错的。"

　　这句话让我很有共鸣，因为我自己的育儿经验，以及很多育儿书的理论都指向这个方向。可能有人会说："这样讲也太夸张了，管孩子哪有不生气的？"但是我们要注意，生气和痛苦是两回事。管教孩子时父母可能会有情绪上的波动，生气也是难免的，但那些感到痛苦的父母已经将孩子视为特别大的一块心病，孩子的很多问题都难以解决，父母不仅生气，还很无助。这个时候，就一定是管教的方法用错了。

什么是正面管教

通常，父母跟孩子的互动模式大致分三种。

1. 严厉

有一次，我在一座寺庙里看到一对很可爱的兄妹，他们大概四五岁的样子。其中的男孩很调皮，他跟着妈妈一块去拜佛，却一直在佛堂里跑来跑去。他们的妈妈就非常严肃地把那个男孩叫到跟前说："我跟你怎么说的？有记性没记性？出去。"

我不觉得这位妈妈没有修养，也丝毫不怀疑这位妈妈是爱孩子的，她的出发点是好的，是为了让孩子安静下来，不要打扰到别人，但是她在训斥孩子的时候，那样的态度就叫作严厉，而在这种严厉的态度下，那个男孩根本就没有改，只是嘻嘻一笑，然后又去别的佛堂闹去了。如果一个孩子一直被严厉的管教所控制，那么他其实只会短暂地在父母面前表现得很乖，事情过后依然会有很多叛逆的行为。

严厉的管教会造成孩子四种叛逆的表现。

第一种是愤恨，也就是孩子认为自己被欺负了，内心产生恨意，也许这份恨意只是埋藏于心中，在小时候没办法表现出来，但在长大后就会表现出来；第二种是报复，虽然当下父母制止了孩子，但孩子会想办法在别的情况下变本加厉；第三种是反叛，也就是不会停止不当行为，反而做得更凶；第四种是退缩，就是孩子不在父母面前做一些偏差行为，而是悄悄做，让父母发现不了。

各位父母不妨扪心自问，小时候被父母揍过很多次后，你是真的就此改正了，还是变得更加狡猾，做"坏事"时都尽量不被父母发现？严厉的管教会带来非常多负面的问题，这四种叛逆只是最显而易见的，随着时间的推移，还会衍生出责任感缺失、自律性差等问题。

严厉的管教会使孩子的自尊水平大幅下降，然而一个人的自律性正是来自他的自尊水平，人的自尊水平越低，往往就越没有自律性。

很多父母能为了玩手机这件事跟孩子"拼命"，从孩子手里抢手机，把手机锁进抽屉里，甚至有的父母会拿手机来做奖励——今天孩子做的这件事很好，奖励孩子玩 15 分钟手机，然后孩子就非常高兴。但是，这样却会让孩子的自尊水平不断下降，让他们觉得自己是没有任何主宰能力的人，自己说什么都不算，而达成目的的唯一路径是得到父母的许可，要么取悦父母，要么跟父母闹。

我见过很多父母足够幸运，抱着"孩子上了大学，我的任务就完成了"的想法，一路连打带骂，用监督、惩罚、诱惑等手段把孩子"哄"上了大学。可是上了大学以后，父母还能盯着孩子吗？没有了严厉的父母在身边，那些孩子在大学里放纵地打游戏，甚至有的很快被大学退学，或者做出更加糟糕的事情来。

严厉的管教无论从短期还是长期来看，都可能产生很多负面影响。

2. 放纵

很多父母的教育理念是，"随他吧，这都是孩子的天性，没关系"。我见过很多父母以天性为理由放纵孩子、对孩子不加管教。如果他的孩子打了别人，他会以孩子的天性为由放任不管，而如果别的孩子打了他的孩子，那就不行。在博物馆参观时，有的孩子快把整个博物馆吵翻天了，甚至用脚去踢文物了，父母也不管，声称这是"天性教育"。

这种放纵的方式会使孩子没有自信，孩子即使看起来非常开心，觉得自己哪儿哪儿都行，实际上内心却很没有自信。在他们眼里，似乎他们的一切父母都能够包容，他们不知道自己的行为边界在哪儿。因为父母很少给予指导，被放纵的孩子会觉得自己缺少来自父母的关爱，长大后容易形成成瘾性人格。

这本书里有个观点令我印象深刻：孩子跟大人的最大的区别在哪儿？孩子的感知能力特别强，但是孩子的解读能力特别差。

举一个例子，男孩的妈妈又生了一个妹妹，他发现有了妹妹以后，父母就更多地去照顾妹妹了。男孩的感知能力很强，感知到了父母将给自己的爱分了一些给妹妹，但是他会怎么解读这件事呢？他解读之后得出的结论就是：我也得让他们照顾我。怎样才能让他们照顾自己呢？就得像小妹妹一样，尿床、把便便拉在裤子上、不好好吃饭、生病等。因此，男孩会用各种各样的方法来获取父母的注意力。

父母不是孩子的主人，更像是孩子的导游。孩子来到这个世界上，对这个世界是陌生的，根本不知道这是为什么，那是为什么，连为什么要道歉都不知道。父母要跟他解释这些概念，为他树立一个边界，这样才能避免孩子过分地错误解读。

3. 正面管教

教育孩子既要有边界，又不能太过严厉，那么我们应该怎么做？

在严厉与放纵之间，有第三条路，那就是正面管教。正面管教的核心就是学会"和善而坚定"，也叫"温柔而坚定"，意为给孩子温柔但是有边界的管教。整本书当中，最重要的就是这个概念。

　　这里有一小段案例，能帮助我们理解什么叫作"和善而坚定"。如果孩子跟父母顶嘴，非常固执地坚持不要做一件事，情绪失去控制，这时候父母可以怎么做呢？有的父母会很生气地把孩子拉到一边训斥，这叫作严厉；有的父母会说，"那就随他去吧"，这就变成了放纵。

　　和善而坚定的表现是什么呢？是父母转身先离开。为什么呢？因为父母这时的潜台词是："我现在感受不到孩子对我的尊重，所以需要冷静一下。"一个人在情绪激动的时候，处理问题是无法和善而坚定的，所以需要冷静一下。过了一会儿，父母调整完了心态以后可以跟孩子说："宝贝，很抱歉让你刚才生这么大的气，我尊重你的感受，但是我不能接受你刚才的做法。今后每当你不尊重我的时候，我都会暂时走开一下。"

　　这样会立一个规矩：今后每当孩子不尊重父母的时候，父母都会暂时走开一下。同时也告知了孩子：父母不是生气，而是不能够接受他的这种做法。

　　接下来，父母要对孩子表达："我爱你，我愿意和你在一起。因此，当你觉得你能够做到尊重我的时候，就来告诉我，我会很乐意和你一起找出消解你怒气的其他方法，然后我们可以集中精力，找出对你我都尊重的解决办法。"

　　这就是和善而坚定地处理矛盾的方法。父母就算生气了，也要告诉孩子"是你刚刚的那个做法让我生气，现在我已经调整好了，我希望咱们能够心平气和地解决这个问题"。

孩子是父母的"复印件"，始终在向父母学习，所以如果父母能够表现出平稳的情绪态度，能够用建设性的方法跟孩子一起解决问题，孩子也会很快学会；而在制定规矩的过程中，父母一定要邀请孩子加入进来。

《正面管教》的英文名是"积极的纪律（Positive Discipline）"，我们如果能够给孩子创造一个和善且有纪律性的教养环境，在管教的同时让孩子清楚知道父母是爱他的，就能够达到"正面管教"的目的。

这套育儿方法有着扎实的心理学理论基础，这得益于两位著名的心理学家——阿尔弗雷德·阿德勒和鲁道夫·德雷克斯。简·尼尔森正是在这两位的心理学研究基础上，发展出了正面管教这套方法。

阿德勒和德雷克斯的理论认为，培养一个孩子最重要的目标是要培养孩子七项感知能力和技能。这七项感知能力和技能是人在这一生当中所必备的，具体如下。

1. 对个人能力的感知力——"我能行。"

2. 对自己在重要关系中的价值的感知力——"我的贡献有价值，大家确实需要我。"

3. 对自己在生活中的力量或影响的感知力——"我能够影响发

生在自己身上的事情。"

4. 内省能力强：有能力理解个人的情绪，并能利用这种理解做到自律以及自我控制。

5. 人际沟通能力强：善于与他人合作，并在沟通、协作、协商、分享、共情和倾听的基础上建立友谊。

6. 整体把握能力强：以有责任感、适应力、灵活性和正直的态度来对待日常生活中的各种限制以及行为后果。

7. 判断能力强：运用智慧，根据适宜的价值观来评估局面。

这七项能力和技能将会为一个孩子一生的发展打下牢固的基础。父母应该以培养这些能力和技能为目标来教育孩子。那么，如何判断一种教养方法是否有效？简·尼尔森认为最重要的是以下四个问题。

1. 是否做到了和善而坚定，是否既让孩子感受到了无条件的爱，又有确定的边界，让孩子感受到了安全感？

2. 有没有让孩子感受到归属感和价值感？这两种感受是孩子成长过程中最重要的感受。很多父母问，孩子在很小的时候，一哭起来声音好大，要不要抱他？很多人支招说不要抱，越抱他哭得越厉害。但是，当孩子哭闹的时候，他是在寻求归属感，寻求有人爱他的那种感觉。如果这时候父母根本不管他，认为"等他哭够了就不哭了""小孩哭一哭对身体是有好处的"，他的内心就会觉得特别地焦虑。这种焦虑会在什么时候释放出来呢？结婚以后。在上两章我们已经了解到，归属感和价值感在小时候没有被满足，在婚姻生活当中会变成争吵的原因。

3. 教养方法是否长期有效？我见过很多父母对孩子冷冷地说话，或者非常凶地大喊大叫，又或者散发某种气场，那种气场能够让整间屋子的人都害怕，他们觉得只有这么严厉，对孩子的管教才会有效。但这种所谓的有效其实是短期的，可能只会持续五分钟。教育孩子要考虑长期效应，要考虑这样的教养方法在十年或者十五年之后还会不会起作用，以及当孩子离开了父母独自生活、需要自律时，还会不会起作用。

4. 孩子是否掌握了有价值的社会和生活技能，以及具备了良好的品格？好的教养方法应该能够传递给孩子有价值的社会和生活技能，培养孩子形成良好的品格。

我们可以通过以上四个问题来衡量自己是否在应用有效的教养方法。

为什么要使用正面管教

孩子会有哪些偏差行为

前面提到，获得归属感和价值感，是孩子成长过程中很重要的事情，这也是推荐父母使用正面管教的重要原因，它可以很好地帮助孩子获得归属感和价值感，从而避免孩子产生一些偏差行为。

这里提到的"偏差行为"和孩子犯错是两回事。一个三岁的孩子打碎了一个东西，也许是犯错，但它是正常行为。我们所说的偏差行为包括以下四类。

第一类叫作寻求过度关注。

我有位朋友的孩子就是这样，需要他妈妈一直盯着他，只要不盯着他，他就哭。甚至到了晚上睡觉的时候也是，只要妈妈一离开，他就会哭。这个孩子总是在寻求过度关注，如果没有得到，就会出现哭闹、大喊大叫、分离焦虑的情况。

第二类叫作寻求权力。

寻求权力最典型的表现就是家庭中发生权力争夺，比如"你让我做这件事，我偏不做"。家庭中出现权力争夺是一件很糟糕的事情。

第三类叫作报复。

有的孩子会用很多方法来让父母不舒服，比如乱花钱、破坏家里的东西、捣乱、不睡觉等，在某些情况下，这些方法其实是报复行为。

第四类叫作自暴自弃。

这类行为很严重，而且一般出现在孩子十岁以后。有这类行为的孩子做任何事都觉得无能为力，认为自己一无所长，也不愿意努力，所以父母训斥他，他也不还嘴，只是消极抵抗。

大家对这四类行为应该都不陌生，因为在成年人身上也会出现。如果一个人童年时期没有纠正这四类行为，长大之后会把这些行为延续在与同事、亲人相处的过程中，甚至会伴随自己一辈子。

如何识别孩子的偏差行为

第一种方式是由内而外地去发现。如果孩子让你感到恼怒、着急、内疚或烦恼，那么孩子很可能在寻求过度关注；如果你感觉到了威胁，感到孩子想要占据主导，或者你想占据主导时被激怒或者被打败，那么孩子可能在寻求权力；如果孩子让你感到失望、难以置信、憎恶或者受到了伤害，那么孩子的目的很有可能是报复；如果你觉得无能为力、绝望、无助，那么孩子现在很有可能是在自暴自弃，而且如果你任由自己的感觉来支配自己，很有可能会和孩子一样自暴自弃。

第二种方式是观察孩子的行为，从孩子身上寻找线索。如果你要求孩子停止某种行为，孩子停下一会儿，但是过不了多久又重新开始，那他是为了吸引你的关注；如果你要求孩子停止某种行为，他却继续该行为，并且对你的要求消极抵抗，这通常意味着孩子在寻求权力斗争；如果孩子以一些破坏性的行为或伤害你的话来反击你，那么孩子很可能在报复；如果孩子很消极，希望你放弃努力，别再打扰他，比如成为一个很放任的人，经常在班里闹笑话、出洋相，这其实就是自暴自弃的一种表现。

如何应对偏差行为

每类偏差行为都有很多种特定的应对方法，这里先介绍几个适用于每类行为的、最基础的应对方法。

1. 与孩子建立感情，表达对孩子的欣赏。父母要更多地关注孩子的优点并且表扬他，让他知道父母对他有无条件的爱，这是最基本的一条。

2. 经常拥抱孩子。

3. 和孩子一起创造特别的亲子时光。例如，和孩子约定每周有一小时的亲子时光，在这一小时里，谁都不能打扰。有一次，在简·尼尔森与孩子的亲子时光里，简·尼尔森的电话铃响了，她很夸张地走过去，还没问对方是谁，就说道"现在是我和玛丽的欢乐时光，请你不要打扰我们"，然后就把电话挂掉了。

这样的独特时光，会让孩子感受到自己得到了充分的关注。和孩子建立每周一小时的亲子时光并不是一件奢侈的事，这是值得的，父母和孩子都会非常开心。

嘟嘟在上幼儿园的时候，有一天问我："爸爸，土桥在哪儿？"其实土桥是我家附近这条地铁线路的终点站。他走过各种各样的桥，但是不知道土桥，于是就很想知道土桥在哪儿。

后来在幼儿园的晚会结束之后，我去接他，带他去看土桥。我开车带着他，走了很远的路，一直到土桥地铁站，我带他站在桥上，告诉他："这就是土桥，地铁会从那个洞里面钻出来。"嘟嘟特别开心，提起这件事也特别骄傲："我爸爸带我去看土桥了！"

如果父母可以营造这样的亲子时光，孩子就不需要刻意引起父母的过度关注。如果我要出差，他不会有严重的分离焦虑；如果我去工作，他也不会来打扰。他很确定地知道爸爸是关注他的，有了这个确定的答案，也就不需要不断地证明了。

4. 父母和孩子之间可以约定一些暗号。比如，我和儿子就约定了一种暗号，如果我吹一个曲调的口哨，他就会跑过来找我。这种暗号会给孩子带来亲密感。有的父母会和孩子约定，如果做某个动作就代表"我爱你"，这也是一种暗号。

5. 避免特别的照顾。如果父母对孩子有特别的照顾，孩子的任何要求父母都要满足的话，孩子就容易过度索取。孩子的要求是永无止境的，所以给他正常情况下应该有的东西就够了，不要进行特别的照顾。

下面分别介绍一下应对四类偏差行为的特定方法。

（1）当孩子寻求过度关注时，请忽略他用于引起你过度关注的行为，然后带他进行下一步该做的事。比如现在要去洗脸刷牙了，如果他闹着不去，父母不用把这件事放大，也不用讲大道理，可以挠挠他的胳肢窝，在轻松的氛围里引导他，带他去洗脸刷牙。

（2）当孩子开始跟你进行权力争夺时，最有效的一招是退出跟孩子的权力争夺。因为权力的争夺就代表着父母权威感的丧失，代表着这个家里没有人说了算，只能靠争斗。等你情绪缓和了，孩子的情绪也缓和了，再一起来想办法解决这个问题。

（3）当孩子出现报复的偏差行为时，不要还击。

在我上中学的时候，有一次班里的同学把老师气坏了。那时候我们都踢毽子，于是拔了鸡毛掸子上的毛，拿去做毽子。我们的老师真的很生气，甚至可以说抓狂了，当着全班同学的面把那个鸡毛掸子撕碎了，整个教室里全是鸡毛。由此可见老师心里有多么痛苦，她是拿这帮孩子一点儿办法都没有了，撕碎鸡毛掸子就是她的还击。但是，班里的同学压根没有学会不要拔鸡毛掸子这件事，最后还把老师撕下来的鸡毛全拿回家做了毽子，反倒觉得很开心。

所以，父母对于孩子们的报复首先要做到不跟孩子计较，不要还击，始终保持友善的态度。父母可以撤出，但是态度要稳定且友善。

父母可以对孩子说："你刚刚这样做代表你内心很痛苦，我知道你觉得自己受到了忽略，所以你才会做这样的事儿。"这叫作反映情感。当父母能够准确地反映情感的时候，孩子的报复行为就会减少，然后父母再邀请他来商量怎么解决这个问题。

（4）如果孩子产生了自暴自弃的行为，我们可以先给他一些简单的任务，在他完成后，给他充足的激励和肯定。父母不要在肯定了他以后再提出更高的要求，因为那样会让孩子产生挫败感；只肯定他现在所做的这件事就好了，让他拥有成就感，同时更多地去关注孩子的优点。

正面管教中的关键概念

为了帮助大家进一步了解正面管教及其方法，接下来介绍一些正面管教中的关键概念。

培养孩子自尊

对孩子给予肯定是培养孩子自尊非常重要的一个方法，但是，很多父母都是从长辈的角度去肯定孩子："宝贝做得很好，爸爸很高兴""这几件事做对了，还不错，小子"。这些话会让孩子觉得自己是依附于父母的，并不能帮孩子提高自尊水平。

真正能够提高孩子自尊水平的，是让孩子意识到自己的价值感，使孩子对自己所做的事产生价值感。父母可以对孩子说："今天你能帮我做这件事，我非常感激，因为你所做的事就叫作关心，我能够感受到你对爸爸的爱。"

自尊水平决定了自律水平。我儿子嘟嘟在小的时候，很喜欢玩一款手机游戏，他玩了大概两三年后，决定把这款手机游戏从手机上卸载。他对我说："爸爸，我觉得我应该跟这个游戏告别了。"我问他为什么，他说已经玩了这么多年了，想玩一款新游戏。我问："你玩一款新游戏，为什么就要把原来的游戏卸载呢？你在那款游戏里积攒了那么多的游戏积分、奖品呢。"他说没关系，可以卸载。

这件事当时让我非常欣慰。为什么呢？我见过很多孩子丢了游戏里的道具或者积分就特别地抓狂，因为那些都是他们费了很大工夫才积攒下来的，我甚至还听过一些极端的案例。为什么嘟嘟当时在卸载这款游戏时内心不会感到难过呢？是因为他心中有爱，他知道他的父母是爱他的，并且他很确信这一点，所以他不会在意那些外在的游戏道具。

后来他想玩一款新的游戏，于是我邀请他重新制定规则。他原来玩那款游戏是一周玩十局，他自己会数着，大概一局也就是两分钟左右，所以他玩一会儿就会将手机放下。不过新的游戏不是按局算的，所以我就建议他一天玩半小时。我觉得一个孩子一天玩半小时游戏不算过分。他说不行，时间太长了。然后他问我："之前一周十局，一周才玩不到半小时，那我现在一周玩半小时怎么样？"

因为他有他的自尊心，所以他的自律能力也会随之产生。作为父母，我始终让孩子确信他在被爱着，所以能够用一个平稳的态度邀请孩子加入制定规则的过程；而他在这个过程中会跟我商量，跟我提各种各样的解决问题的办法，然后真的能够说到做到。

赢得孩子，而不是赢了孩子

很多父母总是期望在各个角度赢了孩子。例如，有的父母为了让孩子能够按照他的要求和节奏来做事，就时刻盯着孩子，甚至孩子大学选什么专业、毕业要做什么工作、要嫁给谁也要他们说了算。实际上，父母如果要赢，孩子就很可能会输，如果父母习惯于做一个赢家，那么你的孩子就会习惯于当一个输家。

那么什么叫赢得孩子？就是要让孩子知道父母跟他之间是爱的关系，有任何事都可以问父母、跟父母商量，这才叫赢得孩子。赢得孩子最有效的方法是倾听和表达同理心。当孩子表现出错误习惯的时候，如果父母能够说出充满同理心的话，孩子就会感到特别暖心。

嘟嘟在家里玩球的时候，不小心打碎了一个他妈妈很喜欢的杯子，当时他都快哭了，觉得闯了大祸。当时我是如何回应的呢？首先我告诉他"这么好的一个杯子打碎了，我心里也很难过"，让他知道这件事的确有一个不好的自然后果。然后我说："不过没关系，没有伤到人是最重要的。我帮你收拾一下玻璃碴儿，你要小心。爸爸小时候也打碎过东西，打碎东西之后，也觉得特别害怕。"我表达了我的关心和同理心。

紧接着我问他："我们从这件事情中可以学会什么？"他说："我们要学会小心一些。"我说："那好，有哪些方法能够让我们小心呢？"他说："我们可以不在这儿玩，可以去没有杯子的地方玩。"我说："好的，这里是客厅，这里有很多容易打碎的东西，到外面玩就好了。还有什么办法？"他说："不要在屋子里玩球，屋子里玩球，球容易乱弹。"从那之后他就很少打碎东西了。

我们要把孩子的每一次犯错都变成一个学习的机会，而不是变成一个谴责的机会。在很多家庭里，只要孩子一犯错，父母就会训斥孩子"说过多少次都没长记性"，但这样做的结果是什么呢？让孩子感到很孤独。很多父母急于批评孩子，核心原因是不想跟孩子共同承担后果。他们不断强调"我说过多少次了"，强调自己没错，自己已经教过孩子了，自己没有责任，只是孩子不听话。但事实上，父母应该和孩子共同来承担孩子的错误，因为父母是孩子的监护人。

急于划清界限是一种心理不成熟的表现。童年时期，我们或许常常被父母谴责，所以当那个杯子打碎了之后，内心当中的第一反应是有人要被骂了。那么这个人应该是谁？最好不是我。在那个场景下，我们或许又成了那个因为打碎一个杯子而害怕的小孩，把恐惧的心情变成了愤怒，而变成愤怒的好处就是可以把这个责任推卸给孩子。

在这种情况下，孩子会感到特别有负罪感，特别痛苦，而且并不会从这件事中学到任何有益的知识或生活技能，唯一学会的就是"别惹我爸，不然会挨骂"。

学会道歉

每个人都会犯错，在教育孩子的过程中，我们要学会道歉。

道歉分三个步骤：第一个步骤是承认自己犯了这个错误；第二个步骤是和好，表示希望得到对方的原谅；第三个步骤是解决，就是想办法弥补错误。

在女儿玛丽小时候，有一天简·尼尔森和女儿吵架了，当时她非常生气，她对女儿说："你就是一个被宠坏了的调皮捣蛋鬼。"玛丽知道妈妈的这套理论，于是对妈妈说："你可不要待会儿找我道歉。"

有的人懂得很多理论，甚至是理论的创始人，却也难免会犯错。当时玛丽也很生气，"砰"地摔门回到了屋子里。简·尼尔森冷静了以后，就去找女儿道歉。

推开门，简·尼尔森发现玛丽正拿着一本《正面管教》，在上面不停地写"骗子，骗子，骗子"。后来她按照道歉的三个步骤跟女儿道了歉，一开始玛丽还不接受，但是过了大概三五分钟也消了气，拥抱了她。因为玛丽是用《正面管教》中的方法带大的孩子，玛丽的修复能力和情商能力都比较强。

分享这个案例其实是想告诉大家，任何父母，哪怕已经掌握了正确的方法的父母，也难免会犯错，这时候父母就要学会向孩子道歉，同时也教会孩子道歉这件事，从而减少家庭互动的矛盾。

培养孩子的社会价值

为别人做一些事情，其实会给自己带来愉快的感受，这与我们的自我认同度有关。

就拿开车时礼让行人这件事来说，你在开车右转的时候，有一个人要过马路，这时候就要停下来等行人先过去。有的人会因为这样的等待而不耐烦，甚至按喇叭催促行人，但如果转换心态，善意地示意行人先过，并耐心等待，你的自我认同度就会因此而提高，或许你的心情会变得更好。

心理学家做过一个关于地铁上是否让座的测试，发现让座的人比不让座的人内心更轻松，因为让座给人带来了社会价值感。

从小培养孩子的社会价值，对他们的自我发展及幸福水平的提升都有很大的益处。

正面管教工具

《正面管教》这本书还介绍了一些独特且有意思的工具，我们着重介绍以下几个。

积极的暂停

这是正面管教中的经典工具，就是指当家庭成员间闹僵了，大家开始生气了，开始了权力争夺，或者出现了报复行为的时候，暂停一下。

积极的暂停有几个原则。

1. 告诉孩子积极的暂停是什么，并且花时间训练孩子掌握积极的暂停这个方法。积极的暂停是什么呢？积极的暂停不是为了惩罚谁，而是为了让我们快速恢复状态，让我们快速地从不良的状态当中恢复过来，这需要经过一定训练。

2. 让孩子们自己布置自己的暂停区。比如有的孩子会设计一棵棕榈树，将它画在一个地方，在积极的暂停开始的时候就去棕榈树下待一会；有的孩子会用玩具布置暂停区，或者放一些书来布置。

我见过一个特别好的案例。一个青春期的孩子，在班上经常发火，控制不住自己的情绪。后来他的老师用了正面管教的方法，对这个孩子说："我理解你刚刚真的非常生气，能够感受到你的愤怒是发自内心的。那么咱们有没有什么办法能够解决这个问题？"

后来他们商量了一个方法，每次出现这样的情况时，这个孩子就主动到教室外面走一圈。一开始这个孩子往教室外面走的频率特别高，每次往外走的时候，老师都会对他微笑一下，然后等他回来时对他说"欢迎你回来",也经常和他谈心。慢慢地,这个孩子往教室外面走的频率越来越低。

从教室往外面走的过程就是一个积极的暂停。积极的暂停是为了解决问题,而不是惩罚,是找到一个空间,让自己冷静下来。

启发式问题

积极的暂停之后,我们依然需要解决问题。一个有效的工具叫作启发式问题。比如问孩子:"你刚刚做这件事的时候,心里是怎么想的?你觉得怎样才能使这件事得到更好的解决?要想照顾到大家的情绪,你有什么更好的想法和建议吗?"

使用启发式问题时尽量少用为什么,为什么这个词很容易让对方理解到谴责的意思,而启发式问题则会让人更平和,更贴近内心。启发式问题最核心的技巧在于你发自内心地想要问这个问题,想要帮助孩子开阔视野,让孩子知道有更多的选择方案。

鼓励和赞扬

还有一种工具就是鼓励和赞扬。心理学家做过一个测试,有两组小孩,在他们完成拼图以后对他们进行表扬。对一组小孩说"你们真聪明",而对另一组小孩说"你们真有探索精神,你们真棒",那么哪种表扬效果更好呢?被表扬聪明的孩子在接下来的游戏当中,更多地选择了更简单的拼图,而被表扬有探索精神的孩子在接下来的游戏当中，更多地选择了更难的拼图。

一句话竟然能够让孩子产生完全相反的行为，可见语言有多么重要。

怎样才能塑造孩子的良好行为呢？答案是，我们要更多地肯定动机和过程，而不是简单地肯定结果。当你简单地肯定结果的时候，孩子其实不知道自己为什么做对了，也不知道哪里做对了，所以他不会继续维持这种行为；而如果你能够肯定过程和动机，他就知道自己下次如果继续保持探索精神的话，另外一件事也能够做得很好。

家庭会议

还有一个非常有意思的工具叫作家庭会议。

首先，家庭会议的频率不用太高，每周一次就够了。家庭会议的决定应该在全体一致同意的基础上做出，如果大家都同意，那么这个决定就得以形成；如果有人不同意，那么家庭成员可以开展讨论，但是如果讨论后还是有人不同意的话，这件事可以暂时搁置。

其次，召开家庭会议不仅为了严肃地解决那些难以解决的问题，还为了讨论下周的活动。家庭会议的最后一项可以用来计划下周的家庭娱乐活动，这样孩子会非常期待开家庭会议。

最后，家庭会议可以以一个全家人参与的活动来结束，比如一块儿玩个游戏，一块儿吃甜点。建议大家围在一张干净的桌子边，这样有助于专心地解决问题，结束后再把桌子收拾干净。开家庭会议的时候一定要正式，要有主持人，要有发言的顺序，要有一定的秩序，这种做法会帮助孩子认识讨论问题、开会的基本方法。

书中有一段话我觉得是值得提到的，简·尼尔森专门为单亲家庭写了一段话。她说，单亲家庭不是失败的家庭，如果我们仅仅因为一些孩子来自单亲家庭，就默认这些孩子会产生不良行为，这样会给单亲家庭的孩子和父母造成很大的压力。

事实上，单亲家庭只是父母有了不同的选择，孩子的发展是否会出现问题，取决于这个单亲家庭里的父母怎么看待这件事情，如果父母能够非常正常、开心、冷静地面对这件事情，认为这就是家庭的一种形态，这样的家庭照样有爱，照样会给孩子足够的关注，照样能有非常愉快的生活，这样孩子是不会受到太大影响的。所以父母不要对单亲家庭的孩子有过度的担忧，这种过度的担忧会使得事情变得更加糟糕。

简单总结一下，我认为这本书里最值得记住的是以下几点。

第一，一定要学会把错误当作学习的机会。孩子在从小到大的成长过程当中难免会犯错，犯错有两种好处，一个是加强父母和孩子的关系，另一个是让孩子积累经验，吃一堑长一智。

第二，无条件的爱是教育孩子最重要的基石。父母始终要和善而坚定，要对孩子付出无条件的爱，无论孩子出现了什么样的问题都要接纳他。如果你可以始终提醒自己这一点的话，你就能够很容易地做到和善而坚定。

第三，通过正面管教，打造孩子独立完整的自尊体系。孩子发展出独立完整的自尊体系，就可以自己选择如何去解决问题。

最后一条，各位父母一定要记得选择在平静的时候而不是激动的时候处理问题。对孩子宽容一些，对自己也宽容一些，这个教育方法既可以用来教育孩子，又可以用来调整自己。

希望大家能够学会"正面管教"。

第 2 节　把话说进孩子心里

金韵蓉解读《把话说进孩子心里》

　　我的一位老师曾跟我讲过她的经历。在她 40 岁时，先生因病去世，此后她一直未再婚，如今已经 100 多岁了。老师曾告诉我一个影响了她一生、使她不能快乐享受两性关系的原因，这个原因影响了她青春期的恋爱，也影响了她婚后的夫妻生活。

　　在老师 11 岁那年，她的妈妈带着阿姨、她和小她 3 岁的妹妹一起散步，她和妹妹原本高兴地走在前面，结果她清楚地听到后面的妈妈对阿姨说："可怜的琼（我的老师），遗传了爸爸的大象腿，不像玛丽（老师的妹妹）还有我们家其他女孩那样，腿又纤细又修长。"

　　老师后来告诉我，妈妈的话从此就像一条让她永远无法挣脱的锁链，紧紧地捆绑着她。从那以后，她不敢穿裙子，上游泳课也是痛苦万分。结婚后，她甚至无法在她先生面前宽衣，害怕先生看到她的"大象腿"。

也许你会说，父母无心的一句话，真会造成这么严重的后果吗？遗憾的是，是这样的。在某些情况下，父母有心或无心的话给孩子带来的影响和造成的心灵伤害往往都是深刻和严重的。当然，绝大多数父母不可能故意打击或羞辱自己的孩子，与孩子说话往往也是真的为孩子好，但是这种"我是为你好"的话不见得真能说进孩子心里，倒是那些"恨铁不成钢"的话会深深地刺伤孩子。

作为家长，我们如何成为让孩子愿意说真话并可以依靠的人？关于建立"真诚、平等、有爱"的沟通方式，实现高质量的亲子沟通，我写了一本书，叫作《把话说进孩子心里》。接下来，我将从五个方面为大家解读这本书中的核心概念，帮助大家把出于善意的、真正想表达的话说进孩子心里，并为孩子做好示范和榜样，帮助孩子处理自己的情绪，解决生活和学习中遇到的成长难题。

真心地与孩子对话

想必没有一个父母会故意敷衍或不真心地与孩子对话，但问题在于，孩子能否感受到我们的真心。能否感受到彼此间对话的门是敞开的，才是沟通成功与否的具体标准。很多时候，我们自认为已经在尽力沟通了，但孩子所接收到的信息可能并不是我们真心想要表达的。在这种情况下，你的真心虽然可贵，但做法也许不恰当。

要实现真心地与孩子对话，我在书中分享了以下两种沟通方法。

沟通需要技巧，也需要意愿

我举了一个案例，主人公是我曾经辅导过的一个孩子。

这个女孩当时刚上初二，据她妈妈讲，她从小学六年级起就极度叛逆，稍有不顺心就疯狂地砸东西。我跟她接触几次后，她向我敞开了心扉。原来在她上小学二年级时，语文老师出了一道作文题，大意是让孩子们写自己长大后希望成为什么样的人。她认真地写了自己希望成为像妈妈那样的受人敬重的老师，可当她高兴地拿着作文给妈妈看时，妈妈却冷冷地说："当老师哪有那么容易？你不好好学习，将来怎么能当上老师？"

这句话深深地伤害了她，从此她变得异常敏感。妈妈说的一些无心之言，在她看来都是在故意针对自己。为此，她甚至故意挑衅妈妈，让妈妈愤怒。这种状态逐渐演变为母女之间完全无法长时间待在一个空间里。

显然，这位妈妈与女儿沟通时并未带有恶意，从某种角度来说，她的教诲也是善意的、正确的，但处理方式并不合适，因为她忘记了孩子当时需要的是被专注而安静地看见或听见。

在亲子沟通中，父母虽然有管教和规范的责任，但更需要让孩子知道，这个世界上，没有谁能比自己更爱他，更愿意贴近他的心。想要做到这一点，父母就要学会正确表达，学会用心聆听，在与孩子沟通时，至少要做到以下两点。

第一，沟通意愿的达成需要自我要求和付出努力。

首先，要与孩子之间实现良好沟通，需要孩子有意愿，而达成这个意愿的方法之一，就是在话语脱口而出之前，先让自己深呼吸三次，控制住自己脱口而出的那些可能给孩子造成伤害的话。

其次，反问一下自己："如果我是孩子，我希望父母怎样回应我？"想必你一定希望父母能温柔、耐心地回应你。那么现在，你的孩子也有同样的期望。

父母在做到上面两点后，再去回应孩子的话，矛盾就能减少很多。

此外，不管你平时多忙，建议每周设定一段不被打扰的亲子对谈时间。在对谈时，把握好下面的原则。

1. 只专注于对谈这件事，不要边做其他事边对谈。

2. 用心倾听，用心感受，让孩子做主角。你甚至可以不用盘算如何回应孩子的话，耐心地倾听就很好。

3. 无论如何别发火，也别用你的经验去指导孩子。

4. 告诉孩子，你特别开心从他的言谈中发现了他的成长，并且一定要说出具体的点。

5. 告诉孩子，你很享受与他对谈的时光，并表示这次对谈对自己很有帮助，很期待下一次的对谈。

这样的对谈，不但能增进你和孩子间的亲子关系，还能帮你更多地了解孩子的想法，时刻把握孩子的成长。

第二，沟通意愿源于尊重。

很多父母常常觉得孩子小，什么都不懂，而且跟自己的孩子说话也没必要小心翼翼，因此和孩子说话时不注意自己的态度，对孩子不够尊重。亲子间沟通的许多问题就出在这里。

孩子虽然年龄小，但仍然是独立的个体，也有自己的人格、思想和感受。父母要想与孩子之间的沟通变得顺畅，要先学会尊重孩子，而不是自以为是地把自己的想法强加在孩子身上，更不要动不动就贬低、指责孩子，不要使用如"你真没用！""这个倒霉孩子！"等话语。

同时，尊重孩子也是父母对孩子表现出教养和礼貌的示范。在与孩子沟通时，我们要看着他的眼睛，专心地倾听他讲话，这就在无形中向他示范了做人应有的教养和礼貌。

除了要让孩子有意愿与我们沟通外，我们还要真正走进孩子的内心，成为孩子的依靠，让孩子愿意跟我们说真话。

成为孩子愿意说真话的人

孩子遇到困难时，首先想到的就是寻求父母的帮助，如果父母忽略、拒绝或者处理不当，就可能伤到孩子的心，使孩子以后遇到困难也不愿和父母沟通了，或者迫使孩子去寻求其他不当的处理途径。久而久之，孩子对父母的信任就会崩塌，对自我价值的认知也会出现错位。

所以，父母要让孩子坚信，自己就是孩子的依靠，孩子遇到问题时可以随时向自己倾诉或寻求帮助。如果孩子之前向你倾诉或寻求帮助，你没有很好地处理，导致孩子不敢再和你倾诉，你就要通过恰当的方法去探寻孩子的变化，引导孩子积极表达。

书中分享了以下四种方法。

第一，积极觉察孩子想要表达的信号。

孩子的一些情绪变化往往暗含着想要表达的信号。

1.孩子，尤其是年龄小的孩子出现退行性反应，如：突然又开始尿床；明明会穿鞋子，突然不会穿；本来已经分床睡，非要跟妈妈一起睡；等等。

2.经常啃指甲或者撕甲皮的倒刺。

3.刻意回避父母的眼神。

4.有过食倾向，总是在吃东西。

5.学业突然退步。

一旦孩子有这些信号，可以先由平时与孩子比较亲近、沟通没有压力的长辈来探寻，并且向孩子保证，不管遇到任何情况，他都能得到保护。当孩子吐露压力或真相后，我们再和他一起讨论，倾听孩子的意见和表达，这样我们就能更清楚如何帮助孩子了。

第二，接纳孩子当前的情绪。

　　孩子在遇到问题或面临压力时，难免会出现焦虑、紧张、愤怒、恐惧等情绪，这时，我们要压下急于"管教"的冲动，学会张开双臂，无条件地允许并接纳孩子的情绪。比如，让他在妈妈的怀里哭一会儿，允许他出去踢球发泄。等他的情绪平复之后，再好好听他想告诉我们什么。

　　第三，在孩子表达时，不要急于下结论或否定。

　　即使孩子因为紧张、害怕等原因表达得不顺畅，或者说不到重点，我们也要按捺住自己焦急的心情，专心、耐心地听他表达，给他充分的时间慢慢地表达完整。我们不应断章取义，否定孩子的想法和做法，这会让孩子关上想要表达的心门。

　　第四，控制情绪，表示对孩子的支持。

　　即使你感到生气，在孩子表达时也要控制好情绪，并向孩子传递出"别怕，爸爸妈妈在这里"的支持信号，这会让孩子获得足够的温暖和安全感。我们也可以用拥抱、拍拍他的肩膀或紧握他的手的方法，给予他面对困难的勇气和力量。

留意语言中的情绪

　　人类是以情绪的方式来储存记忆的，那些深刻到足以被铭刻下来的情绪，会被存储在边缘系统海马体末端一个叫杏仁核的地方。

平时它们安静地待着那里，但却以细水长流的方式影响着我们的思想、行为、性格和每个艰难的选择，甚至会在我们遇到类似的情境诱因时突然爆发。这也是情绪需要"管理"的主要原因。

在与孩子沟通时，孩子不仅能听到我们语言中的内容，还会敏锐地捕捉到语言中的情绪，也会把当下感受到的情绪储存在自己的记忆深处，使其成为意识的一部分，所以我们在跟孩子说话时，不仅要留意用语，还要留意随着语言所流露出来的情绪。

注意语言中的弦外之音

有些时候，你可能并没有说孩子不好，或者责备孩子，但眼神中的失望或无奈足以传递出伤害孩子的信号。曾经有个马上要参加中考的男孩跟我说："我爸爸基本已经不管我的学习了，但我知道他对我很失望，现在甚至都不拿正眼看我。每次我经过他身边，都能感受到他在我背后摇头叹气，也能看到我妈妈制止他的眼神。我真的很痛苦、很自卑，也好害怕中考成绩出来后他对我更失望。"

这种状况在很多家庭中都存在，虽然你没有直接用语言表达出来，但你的情绪对孩子来说却是一种赤裸裸的情感虐待。根据联合国大会通过的《儿童权利宣言》，父母对孩子的情感虐待主要包含以下几种情况。

1. 轻蔑贬抑：父母经常在他人面前轻蔑地取笑孩子，或嘲笑孩子取得的成就、抱负或个性。比如，有的父母会当着别人的面说：

"只会画画有什么用？英语从来没考过 100 分！"

2. 尴尬羞耻：父母未经孩子同意就随意分享孩子的私人信息，或在别人面前说些令孩子觉得丢脸的事。比如，给别人说孩子"都这么大了还尿床""都那么胖了，还不停地吃"等等。

3. 压力焦虑：父母不断质疑孩子的行为、动机或能力。比如经常对孩子说："你行吗？别又像上次那样搞砸！""你这是又要干什么？就不能消停些？"

4. 过度内疚：父母让孩子认为是自己造成家庭不和谐或家庭困难，让孩子产生"都是我的错""都怪我"等罪恶感。比如，一生气就对孩子说："要不是因为你，我早跟你爸爸离婚了！"

5. 恐惧害怕：父母经常吵架或做出暴怒行为，让孩子感到极度不安和恐惧。

以上任何一种情感虐待对孩子都可能造成严重后果，甚至影响孩子成年后的生活，使他们认为自己不配获得幸福和成功。

因此，在与孩子沟通时，我们一定要注意自己的情绪，以及语言中隐藏的情绪，要以爱、理解和包容的态度面对孩子，让孩子知道他是被父母爱着和接纳的。我们如果确实有情绪，就要在处理好自己的情绪后，再去与孩子沟通，而不要把孩子当成出气筒。

不要把孩子当成出气筒

为了帮助父母在与孩子沟通时更好地管理自己的情绪，我在《把话说进孩子心里》这本书中特意加入了情绪管理的内容，主要包括下面三点。

第一，把负能量转化为正能量。

心理学上认为，疗愈心理创伤最好的方法就是转换和释放某个事件遗留下来的情绪。具体的方法就是借助某种催化剂，比如植物精油中的天然化学分子和香气，阳光射线中拥有强大疗愈力的色彩能量、频率，能触及灵魂深处的心灵音乐，具有安抚神经传导功能和提供饱食中枢满足感的"安慰食品"，以及亲人和爱人的温柔拥抱、好友的细心倾听等，这些都可以改变情绪原本的能量运作模式。

第二，把多余的负能量释放出来。

首先，我们要承认情绪的存在，拥有负面情绪时，不要刻意隐藏，故作坚强；面对家人、朋友时，勇敢地承认自己存在的不好的情绪。

其次，允许自己有沮丧和伤心的权利。因为压抑的情绪不会自己消失，只会以其他形式被发泄出来。与其如此，我们倒不如允许自己有发泄情绪的权利。

最后，找到能让自己释放情绪的有效方式。比如，向家人或朋友倾诉，痛快地运动，或者找个地方大喊几声。这些方式不仅能宣泄情绪，还能改变情绪的能量形式。

第三，给自己设定一段合理的宣泄时间。

这里说的是"宣泄"，不是疗愈，因为情绪伤口的愈合需要漫长的岁月，不是哭一次或喊几声就没事了。你可以先让那些有杀伤力的负面情绪通过合适的方式释放出来，然后在不被过分干扰的情况下慢慢愈合，最后释然；而宣泄时间，就是让你在这个时间段里毫无牵挂、毫无愧疚、毫无保留地释放痛苦情绪。等合理的宣泄时间用完后，你就得收拾心情，进行下一步了。

与孩子做对等沟通

一直以来，我们都习惯以大人的角度来思考孩子的问题，却很少会站在孩子的立场，想想孩子的感受，也很少想到孩子眼中的大人是什么样的，以及主动了解孩子对父母有哪些期望和意见。我们习惯了对孩子教训、命令、指责、否定，却无法接受孩子的回嘴、顶撞、叛逆。殊不知，孩子是个独立的个体，拥有表达自己想法、观点的权利，同样具有对父母说"不"的权利。如果我们希望孩子能用尊重的态度与我们好好说话、好好沟通，那么我们也要从内心尊重孩子，与孩子进行对等沟通。

允许孩子为自己说话

从社会心理发展进程来看，7~10岁正是孩子追求自我和独立需求的发展阶段。在这个阶段，表达自己的意见是孩子宣告独立的方式，也是他们必要的发展任务和社会化发展的正常工作之一。任何被孩子认为不公平的指责或要求，都会激起孩子出于自我保护目的的消极守势（不再与父母沟通）或积极攻势（一说话就大喊大叫）。

当然，很多父母可能无法容忍孩子回嘴，认为这是顶撞，是在蔑视和挑战父母的权威，其实这种想法是不对的。抛开情绪，从客观、理性的角度去想想，如果不允许孩子申辩，我们怎么能了解孩子的想法和事情的真相？又怎么能知道我们是不是用先入为主的"定罪"方法误解了他？

所以，不管在任何情况下，我们都要允许孩子为自己说话，给孩子辩解的机会，这样不仅能让我们看到事情的全貌，还能让孩子知道我们和他是平等的，他得到了我们的尊重，也得到了我们公正的对待。这对于孩子学会控制情绪地回应他人的质疑、处理人际关系等，都会有很大的帮助；而且我们允许孩子为自己申辩，也创造了一个公平教育的机会，让他从小学会与他人相处最重要的原则。

恰当地处理孩子的辩解

允许孩子申辩是尊重他的发言权，但并不等于我们允许他用没有礼貌的语气来表达。年龄较小的孩子还没有发展出很好的情绪管理能力，想要表达自己很在意的事情时，可能会情绪激动。绝大部分孩子都不会故意不尊重父母长辈，只是在表达意见时，还不知道如何合理和成熟地控制自己的情绪及说话的内容，这时我们要有智慧地、心平气和地引导孩子，而不是呵斥他，或不允许他继续表达，否则就会错失理解和帮助他的机会，也会让孩子错失练习如何控制情绪、正确表达的机会。

要想让孩子学会正确地表达意见，就要遵循以下两个原则。

第一，不要指望纠正孩子一次，他就能做好，你要温和冷静地指出孩子的问题，并要求孩子用更好的方式复述一遍问题。

第二，不要只教训孩子"跟大人说话要有礼貌"，而要让孩子先理解"为什么"，这样孩子才能逐渐养成和掌握尊重他人的态度和方法。

这里举个例子。

妈妈有点儿着急地对孩子说："宝贝，我们还有 15 分钟就要出门了，你得把玩具收起来，去换衣服了。"这是在向孩子传递时间概念，帮孩子学会管理时间。

孩子还想再玩，妈妈有点儿生气了，说："不能再玩了，现在把玩具收起来，去换衣服！"

孩子仍然在玩，妈妈更加生气了，严厉地说："我数到三……"

孩子也生气了，把手里的玩具扔出老远并喊道："为什么要听你的？！"

很多父母对这样的状况都不陌生，那应该怎么处理呢？

首先，妈妈要立即做出判断，明确下面几件事的重要程度和时间节点。

1. 出门的急切程度：是必须马上出门，还是可以晚一些？

2. 管教孩子的最佳时机：此时此刻必须教育孩子吗？

3. 孩子的年龄：孩子是否能在外出回家后还记得自己犯的错？

4. 妈妈自己的情绪：是能心平气和地跟孩子说话，还是控制不住地想痛骂孩子一顿？

妈妈如果评估后的决定是当下就能处理，那就要来到孩子身边，温柔地问孩子以下几个问题。

1. "你知道我们要去哪里吗？"

在孩子回答后，妈妈要顺着孩子的话回应，说出不能晚到的原因，如"爷爷奶奶已经准备好了你爱吃的蛋糕，表哥已经在等你一起玩了"。这样做是为了让孩子明白，我们为什么必须准时离开家。

2. "妈妈知道你还想给芭比娃娃梳头，你每次都梳得很漂亮，妈妈觉得你好棒！不过，你觉得芭比娃娃要是知道你因为给她梳头，而没有准时去陪爷爷奶奶吃饭，让爷爷奶奶失望，她会不会也希望等你回来后再给她梳头呢？"

这个问题是为了让孩子分辨出事情的轻重缓急，学会分析各个选项之间的利弊。

3. "刚才你把玩具扔得好远，又跟妈妈大声说话，你觉得妈妈会是什么感觉呢？"

这时孩子可能会回答生气、难过、伤心等，那么你可以继续说："妈妈是有点儿伤心，因为妈妈认为宝贝不喜欢妈妈了，而且宝贝跟妈妈说话时没有礼貌。"这是帮孩子在"心同此理"之外，进一步懂得"人同此心"，让孩子明白在亲子沟通中，不仅他会不开心，会受到伤害，父母也和他一样会受到伤害，这样他就不会觉得被不公平地对待或产生强烈的不满情绪了，也会懂得关心别人的情绪。

4. "如果我们重来一次，你会怎么跟妈妈说？还想留在家里给芭比娃娃梳头吗？"

当孩子重新说一遍后，我们一定要马上给予赞美，比如："妈妈听到宝贝这么说，真的很开心。"甚至可以多给孩子5分钟，满足孩子的小愿望。

当然，如果你当时必须马上出门，没有时间处理孩子的情绪，那么你可以先把这种不愉快的情绪从当前的事情隔离出来，不要对孩子冷冰冰的，让孩子在恐惧中度过，等回到家后，再慢慢跟孩子沟通之前的问题。

给孩子做个好的示范

如果孩子对着你大喊大叫，或者故意不理不睬，你可能会很愤怒，但如果你也用愤怒的情绪去反攻孩子，就不是恰当的做法。这时，你要利用成人管控情绪的能力优势，迅速离开冲突现场，不要继续激化矛盾，同时也给孩子做个好的示范。

在离开现场时，你可以告诉孩子："妈妈现在非常生气，感觉会说出并非我本意的话，所以我要离开这个房间，让自己安静下来，这样我才能更公平地听见你的想法。"

其实在此时，孩子的内心也会很惊恐，会被身体里突然大量释放的情绪冲昏头脑，所以他也希望能马上休兵，冷静下来，只是不知道该怎么做。所以，你要帮忙按下暂停键，这也是在教孩子遇到冲突时如何避免事态向更坏的方向发展。等你们都冷静下来后，你再回来告诉孩子，你愿意听听他的想法，想要跟他重新谈一次，这样孩子也更容易接受你的建议。

互动沟通解决问题

由于孩子的个性特点不同，遇到的问题不同，所以我们在面对孩子时，必须采用不同互动沟通的形式，比如运用行为疗法和认知行为疗法的技巧，达到手把手帮助孩子的目的。

一般来说，孩子身上出现的让父母备受困扰的问题最具代表性的有两类，一类是学习问题，另一类是人际交往问题。接下来，我们就从这两类问题入手，看看如何与孩子进行互动沟通，从而有效解决问题。

帮助孩子迈过学习不好的坎儿

学习是孩子和父母都无法忽略的一个问题，有些孩子学习成绩不好，并对此表现出毫不在乎的态度，但其实他内心是彷徨、害怕的，甚至是感到羞耻的。这时，他们内心会特别希望有人帮帮自己，告诉自己该怎么调整，怎样才能一点点追上同学。如果你不分青红皂白地训斥孩子，认为孩子不上进、不用功，就会给孩子造成更大的压力。

认知心理学的研究证实，并不是只要孩子努力学习，就能收到好的效果。尤其在进入青春期后，孩子处在各种生理和心理发展变化中，认知能力也会逐渐发生变化，开始具备抽象思考能力，但不是每个孩子进入青春期后，抽象思考能力都是以相同速度发展的，有的孩子发展得快，有的就要慢一些。这一差异表现在学习中，就是有的孩子对一些抽象知识接收得快，有的则接收得慢。

面对这个问题，责备、批评孩子是没用的，我们只能帮助孩子找到更高效的学习方法，和孩子一起渡过难关。

对此，父母有以下三种方法可以应用。

第一，和孩子一起规划学习进度。

在和孩子规划学习进度时，父母不要越俎代庖，应在一旁引导，陪伴他一起规划，最后做出决定的人是孩子，不是父母。

关于规划步骤，可以分为以下三步。

1.先打印几张有大空格的时间表，在表上标出重要考试的日期，如月考、期中考、期末考等。

2.把不同科目用不同颜色的笔写在上面，并根据孩子当前的学习情况，检视他每科实际需要加强复习的时间。比如，他的数学学得好，考试前只需 3 小时来复习；英语是弱项，就至少需要 30 小时来复习。

3.在正常学习进度外，将实际需要加强复习的时间，从考试的前一天倒推，平均分配到每一天，并分别填在表格中。

将表格填好后贴在醒目的位置，孩子每完成当天的学习任务，就在当天的空格里做出标记。如果孩子期间遇到困难，父母要尽量帮助孩子，而不是让孩子觉得自己孤立无援。

第二，把大的学习目标分解成符合孩子实际能力的小目标。

学习成绩差的孩子最缺少的就是成功经验，如果屡次尝试又屡次失败，孩子就容易自暴自弃。如果我们给孩子订立的目标过大，孩子无法完成，同样会产生挫败感。

这时，我们要陪着孩子一起制订一个合理可行的计划，在通往目标的进程中，按照孩子的实际情况，规划出若干个小台阶，每个小台阶只要孩子经过努力就能踏上去。这样既能让孩子看到自己的进步，重建信心，又能帮助孩子夯实基础知识，奠定学习基础。

当然，就算是帮助孩子分解了小目标，如果时间紧迫，比如还有两个月就中考或高考了，孩子的成绩可能也很难在这么短的时间内获得质的飞跃。这时，我们就要帮孩子建立起对自己的信心和对人生的积极态度。

第三，帮孩子掌握更高"投资回报率"的学习方法。

商业上有个"二八定律"，就是把 80% 的资源用在可能只占整体项目 20% 但具有高产值的项目上，以提高投资回报率。

孩子的学习也适用"二八定律"。如果我们帮孩子把有限的时间分配到最有产值的学习上，就能在比较短的时间内看到成果。这里分为四步走。

1. 依照孩子最近六次考试成绩的平均值，把各科成绩进行排序。

2. 仔细研究每一科成绩的波动状况，找到由高至低的排序。比如孩子的物理分数一直稳定地停留在 50 分左右，而数学成绩在 55~85 分波动，那孩子数学的进步空间就比物理要大。

3. 依照孩子的主观感受和客观事实，和孩子探讨一下，确定各学科追赶的难易程度，并将各学科按从易到难的顺序列出来。

4. 结合上面三点进行比较，找出下列问题的答案：如果用同等时间或精力，"能抢分"的学科有哪些？"不失分"的学科有哪些？根据问题答案，让孩子合理分配不同学科的复习时间，以期将考试总分提高。

除了以上三种方法之外，我们平时还要多激励孩子，为孩子勾勒未来的美好前景。有一部分孩子成绩较差，最大的问题是他们对自己没信心，对未来没期望。如果我们让孩子产生梦想、产生信心，孩子就会产生学习的动力，学习成绩也很快就能提上去。

帮助孩子学会交朋友

有些孩子在学校没朋友，感觉很孤独，有的甚至常年独来独往，遭受校园霸凌。教育专家在分析孩子的这些表现和遭受校园霸凌的原因时，发现除了一些客观环境原因外，还有一个很大的原因就是这些孩子大多敏感害羞、安静内向或身体瘦弱。这就要求我们在孩子进入学校这个微型社会之初，帮助孩子学会适应社会，拥有处理人际关系的能力，从而降低孩子被校园霸凌的可能性，同时也为孩子将来步入社会、智慧地处理人际关系奠定基础。

下面以聚会为例，分享一下父母帮孩子交朋友的两个步骤。

第一步，让孩子作为小主人，为聚会做好计划。

要训练孩子的交友能力，首先要从计划活动开始。我们可以提前给孩子准备几张表格，让孩子来填写内容，其中包括聚会主题、时间、地点、要邀请的人，以及这些要邀请的人有哪些爱好、性格特点等。这些表格的填写也许比较烦琐，但对孩子来说却很重要，可以很好地培养他的计划能力、掌控感和成就感等，所以一定要由孩子自己来填写表格。即使孩子提出的想法很幼稚，我们也不要质疑他，而是给予他鼓励和支持；只要想法合理可行，就帮他去实现。

在邀请人时，对本来不会交友的孩子来说，可能是件比较难的事，这时我们要有心理预期，也可以陪同或协助孩子一起邀请。我们的温柔理解和坚定支持，是整个训练成功的关键。

第二步，聚会当天，让孩子学习掌控局势。

在聚会当天，孩子们也许会玩得很兴奋，把家里搞得一团乱，这时我们要说服自己，这是训练孩子学会独立和掌控局势的第一步，也是锻炼孩子自信心和交往能力最有必要的一步，所以不要去阻止他们，只要在安全的范围内，就让孩子们尽情玩耍。

在孩子们玩游戏的过程中，如果我们发现自己的孩子又习惯性地独自坐在一旁观看了，不要直接拉着他加入游戏，也不要拉着其他孩子，让他们与自己的孩子一起玩游戏，而是有技巧地用"大家来吃蛋糕啦""哇，看看这是什么"等来中断孩子总是独自坐在一旁的惯性行为，很自然地把他拉入人群中。几次后，孩子孤独的惯性行为就会慢慢减少。

这个训练看起来容易，实施起来可能会有难度，甚至要进行多次练习，但我们要相信，每次看似成效不大的练习，都是在帮助孩子在社交之路上铺设一块块地砖。不论在任何时候，我们都不要对孩子感到失望，而要让孩子充分感受到我们对他的信任、鼓励、欣赏、支持和无条件的爱，这才是帮助孩子交到朋友、进行愉快社交的最好的内在力量。

适当进行心灵教育

美国心理学家戴安娜·鲍姆林德就有关父母教养方式对孩子社会能力发展的影响程度，把父母对孩子的教养方式分为四种，并且以"养育孩子的程度"和"控制孩子的程度"之间的比例来区分不同类型。这四种类型分别如下。

忽视型：倾向于低养育、低控制。

放纵型：倾向于高养育、低控制。

专断型：倾向于低养育、高控制。

权威型：倾向于高养育、适当控制。

鲍姆林德发现，权威型的教养方式最能够帮助孩子早期社会能力的发展。这种养育方式表现为父母与孩子之间有亲密互动，会关心孩子的感觉和需求，尊重孩子的观点，对孩子的成就感到自豪，并在孩子有压力时给予支持和鼓励，所以孩子也能与父母建立比较正向的亲子关系，会回报爱给父母，享受和父母相处的时间。与此同时，父母也懂得融合适度的控制在教养中，为孩子设立行为标准，并让孩子明白遵守这些行为标准的必要性。这样的话，即使父母不在身边，孩子也会留意和检查自己的行为。当然，当孩子做得好时，父母也会鼓励、表扬和奖赏孩子。

很显然，这是教养孩子最好的境界，相信大部分父母也能做到，或正努力在做。在此，我们可以引申出三点父母能在孩子学龄前或学龄期时为孩子所做的心灵教育，从而寓教于乐，让彼此相处的时光更加有趣、丰富而富有价值。

打开孩子的想象之门

让孩子成为一个想象力丰富的人，不一定意味着孩子要成为艺术家，而是让孩子能够以不同的角度和视野来看待事物，找到其他人可能错过的解决问题的方法。而这种解决问题的能力和创新的思维，正是成为一个优秀的团队领导者最需要的素质之一。

在培养和激发孩子想象力方面，我们可以通过以下两种常见的方法进行。

第一，利用周末的亲子时光激发孩子的想象力。比如：给孩子讲故事；和孩子一起进行自由的艺术创作；让孩子接触大自然，从大自然中寻找各种各样的灵感；培养内在的空间感，鼓励孩子尽情地展开想象力。

第二，和孩子玩一些激发想象力的游戏，比如玩木偶、看好看的照片、接力造物、改造"太阳系"等。我们也可以鼓励孩子自己想出一些游戏，然后和孩子一起尽情玩耍，这样既能锻炼孩子的想象力，又能让孩子感受到家庭成员之间温暖的爱。

用正念养育滋养积极和愉悦的心灵

正念养育就是父母要以正念的态度观察自身，积极处理自己的负面情绪和想法，以平和的态度帮助孩子更好地控制情绪和行为。

正念养育的好处就是通过与孩子分享正念，能清晰地认识到自己对孩子的期望是否务实，能直觉地感受到什么目标是孩子真正能达成的，以及如何去实践和支持他，从而缓解自己的焦虑，用客观、积极的态度面对孩子的成长。

关于正念养育的具体方法，这里分享几个有趣的正念练习游戏。

第一，正念饮食游戏。

选一种孩子喜欢的食物，如一小块巧克力，然后请孩子用一分钟时间，发挥他所有感官去探索这块巧克力，包括：巧克力的颜色和形状；慢慢咬一小口，体会它在嘴里的感觉；慢慢将它移到胃里。之后再和孩子彼此分享刚才的体验。

第二，用心地散步。

带着孩子到附近的公园散步，在五分钟时间内完全不说话，和孩子一起去全身心地关注一些之前没注意过的东西，闻闻周围的气味，专注于听到的声音上。接着，找一处安静的地方，和孩子一起分享刚才的经历。

第三，心情天气。

可以让孩子把现在的感觉用播报天气的方式描述出来，问问孩子，他现在的心情是晴、小雨、暴雨，还是剧烈的台风。这个游戏能让孩子观察到自己当下的情绪状态，而不会压抑或过度释放情绪。

彩绘孩子的心灵世界

很多父母发现，让孩子"说出心里话"是一件非常困难的事。遇到这种情况时，专业的心理治疗师往往不会强迫孩子说话，而是让孩子自己坐在一个舒服的小凳子上，从至少48种颜色的彩笔中选出自己最喜欢的，画一幅指定主题的画，如我的家、大树、公园、学校等，再根据画分析判断孩子的情绪。

孩子的世界本来就充满了美好的色彩，他们既是纯净无邪的白纸，又是手握画笔的艺术家。孩子喜欢某种颜色，通常意味着他在这个发展阶段属于那个颜色的人格特质，或是生存本能在提醒他需要那个颜色的能量来平衡，所以我们只需要细心地观察孩子对颜色的喜好，从孩子常用的画笔颜色、最喜欢的物件颜色、最爱吃的食物颜色等，找出可能对应的、需要被强化或削弱的情绪和行为，再结合日常生活中的色彩应用去帮助他就可以了。

在《把话说进孩子心里》这本书中，我罗列了每种颜色所代表的孩子的性格特质。在运用色彩帮助孩子时，我们可以根据孩子的不同性格特质，有意识地削弱、强化或平衡孩子的某些特质。对此，我们可以从以下三个方面来考虑。

第一，削弱色。

想要弱化、减轻和消除孩子的身心和情绪问题，使用的色彩应为该性格色彩的对比色，如红色和绿色、橙色和蓝色、黄色和紫色，彼此就是对比色。对比色可以起到平衡、中和的作用，继而削弱孩子的负面能量。

第二，增强色。

增强色是强化、鼓励孩子某种积极情绪或行为所使用的相应情绪特征所代表的色彩，如红色对应意志力坚强，黄色对应聪明并勤奋学习，蓝色对应口齿清晰且表达力强等。

第三，平衡色。

平衡色是为了维持健康身心和情绪所运用的色彩。一旦孩子的某种负面情绪或消极行为得到改善和解决后，我们就可以停止集中使用某种单一的颜色，为孩子提供使用多种色彩能量的可能。

不论在任何情况下，与孩子进行高品质的沟通，愿意倾听孩子的感受，帮助孩子处理好情绪，都是了解孩子的内心世界、与孩子建立良好亲子关系的核心。在我小时候，有一天早晨，父亲穿衣服时发现口袋里的几枚硬币不见了，那几枚硬币对完全没有零花钱的孩子来说绝对不是个小数目。父亲很生气，就把我和哥哥姐姐都叫起来，询问谁偷了钱，在没有得到回答后，便让我们全都跪在地板上反省。但是，父亲很快发现钱落在了角落里，于是马上把我们都叫起来，然后很郑重地跟我们道歉，并且为了弥补这桩"冤案"，还带我们去看了电影，吃了大排骨面。这件事至今让我记忆犹新，因为父亲对我们的尊重，让我感到非常快乐、非常安全。

把话说进孩子的心里，并不需要太多高明的沟通技巧，所有高明的沟通技巧都不及发自内心的爱与尊重。为孩子营造一个安全有爱、愿意聆听与倾诉的家庭氛围，与孩子建立亲密、良好的亲子关系，保持平等、尊重的沟通方式，既是父母的责任，也是父母帮助孩子快乐、健康成长的基础。

第3节　多子女家庭的养育法则

李小萌解读《平和式教养法（多子女篇）》

一个新生命降临的同时，也给父母带来了更多的挑战和烦恼。

"老大养废了，再生一个好好教。"

"老二一出生，没时间管老大，学习成绩一路下滑。"

"老大、老二天天打架，真的烦透了。"

…………

这些抱怨最后都会落到一个问题上，那就是有没有解决的办法。这里推荐一本书，叫作《平和式教养法（多子女篇）》，书中提出了一整套多子女家庭的养育法则，可以让父母们对多子女的养育有更深刻的理解。

这本书的作者劳拉·马卡姆是哥伦比亚大学临床心理学博士，也是美国非常有影响力的育儿网站的创始人。在学术上硕果累累的同时，劳拉博士也是两个孩子的母亲和九个孩子的姑妈，同时也为很多家庭提供育儿指导。

正因为有这样丰富的实践经验和学术知识，她在这本书中用跟大部分育儿书不同的视角，把关于养育孩子的笔墨更多地放在了孩子之间的关系上。她从孩子的视角出发，帮你了解多了一个弟弟或妹妹，对孩子来说究竟是值得高兴的事，还是人生的重大危机；孩子争吵背后的原因究竟是什么，你可以如何预防和解决。对于一些经典的棘手问题，比如孩子们不愿意分享妈妈的爱等，她甚至会逐字逐句地告诉你，应该对孩子怎么说，不应该怎么说。

为什么孩子之间会有纷争

为什么孩子之间会有纷争呢？

第二个孩子从父母的角度来看，是一个大大的礼物，是第一个孩子的同胞，是可以陪伴他终生的朋友；但对于第一个孩子来说，这不亚于是个灾难，因为爱和敌意伴随着这个小生命同时到来了。

对于第一个孩子而言，愿意和小婴儿亲近是一种爱的本能，但是家里凭空多了个孩子，就意味着父母如果要给小婴儿换尿布、喂奶，自己就必须在旁边等一等，忍耐自己强烈的需求。于是，在孩子眼里，小婴儿不是他的朋友，而是来取代他的。这种感受也许我们也曾感同身受。

生于七八十年代的人经常听到的，大人跟小孩说的非常流行的玩笑话："等有了弟弟妹妹，你妈就不喜欢你了。"即便是独生子女，也会被亲戚吓唬："你要是再哭，你爸妈就不要你了。"

我们小时候听到这样的话，是什么感觉呢？是一种很恐怖的感觉。这其实和现在的孩子有了弟弟妹妹之后的感觉非常类似。当父母忙着照顾小婴儿，而不得不让孩子等待一会儿的时候，他就会觉得自己不能再优先获得生存所需要的东西了，人类潜意识里的生存本能会让他感到害怕。

你可能会说，孩子样样都不缺，怎么会觉得弟弟妹妹是来取代他的呢？

事实上，你当然会觉得自己对第一个孩子没有任何变化，但这只是大人的解读。虽然我们觉得孩子需要的爱、食物、保护、陪伴等都是足够的，但孩子不可能这么理智地、宏观地看待这一切。孩子会觉得，不能优先获得就等于没有获得。因为弟弟妹妹的到来，他不再拥有父母的爱、保护、关注的视线等他在意的东西，他不再被重视了，也有可能会被抛弃，所以他的敌意会随之而来。

很多父母无法容忍"敌意"这两个字，他们觉得，怎么可以对自己的弟弟妹妹产生"敌意"呢？不过，我们不用被"敌意"这两个字吓坏，其实这种感受很常见，它不仅发生在亲生的兄弟姐妹之间，如果别人家的孩子来家里玩，自家孩子也可能产生这种敌意。只要我们能够妥善、理智地对待，这种问题并不难解决。

举一个我女儿的例子。我们一起读过一本书，叫作《换弟弟》。这本书的主角是一个鳄鱼姐姐，因为妈妈生了弟弟之后，妈妈每天跟弟弟在一起并照顾他，鳄鱼姐姐就很不开心。有一天轮到她照看弟弟的时候，她就把弟弟送到一个弟弟商店，依次换成了大象弟弟、老虎弟弟、熊猫弟弟等，但是每个弟弟都有令她不适应的问题，最后鳄鱼姐姐还是把鳄鱼弟弟给换回来了。

听完这个故事，女儿就问："妈妈，鳄鱼姐姐为什么不开心？"

我说："因为她嫉妒弟弟得到了妈妈更多的关注。"

女儿马上就问："什么是嫉妒啊？"

我想了想，解释说："嫉妒就是一种感觉，比如妈妈本来是要抱鳄鱼姐姐的，可是却抱了弟弟，鳄鱼姐姐心里升起的那种不愉快的感受，就叫作嫉妒。"女儿听了似懂非懂。

刚好第二天家里来了一位客人，客人怀里抱着刚刚出生几个月的小孩，我看着特别喜欢，就把那个小孩抱在怀里玩，我女儿就不高兴了，使劲拽我衣服，不让我抱他。

于是我就跟她说："你先别着急，你想想咱们昨天一起读的那本书，你现在的感觉就跟鳄鱼姐姐的差不多，这就叫嫉妒。"

我女儿认真想了一会儿，凑在我耳边小声说："妈妈，我真的非常嫉妒。"

你看，一个没有血缘关系、临时来做客的小孩让妈妈抱一下，女儿都会觉得嫉妒，更何况天天在身边的第二个孩子呢？

纷争源于不愿意分享和互相竞争

那么，我们应如何跨越孩子的敌意，帮助他们培养同胞之间的爱呢？

孩子的纷争有两种，一种是不愿意分享引起的纷争，另一种是互相竞争产生的纷争。针对这两种不同的情况，有不同的处理思路。

不愿意分享引起的纷争

不愿意分享引起的纷争，应该是孩子们最常见的吵架原因。在家里，在幼儿园，几乎各种场合都可以看到孩子们为了争夺某样心爱的玩具而大打出手。

这个时候我们应该怎么办呢？

相信所有父母都希望孩子能够有分享的精神，因为有些玩具第一个孩子已经不喜欢玩了，留给第二个孩子玩，不仅可以减少开支，也会让家里不至于玩具泛滥。更重要的是，我们希望孩子通过分享玩具，在未来能够成为慷慨、大方、有同理心和协作意识的人。

在这一系列的动机之下，我们往往会跟第一个孩子说："你要让着弟弟妹妹，快把玩具给弟弟妹妹玩一会儿。"最后这场纷争就会以某个孩子大呼不公平而画上句号。作为父母，我们这样做真的是正确的吗？

让我们还原一个真实的孩子的视角来看待这件事。孩子把玩具视为珍贵的财产，它们是孩子自我的拓展，是孩子用来探索世界、与世界建立关系的工具。

所以我们经常会听到孩子大喊："这是我的！"其实，他并不明白这个"我的"到底是什么意思，只是单纯地想要控制如何使用这件东西。他的幸福感也一直取决于跟自己关系密切的这些东西。

虽然随着一天天长大，孩子会逐渐产生新的爱好，会放弃旧玩具，并且在分享这件事上会越做越好，但孩子依旧和旧玩具有着非常深的情感联结。有些时候，孩子即使长大了，也不愿意把旧玩具给别人玩。

这样看来，强迫孩子分享的行为似乎是不对的。就拿我来说，我虽然希望孩子在未来成长为一个慷慨大方、有同理心的人，能够看到他人的需求并做出反应，但也希望孩子可以为自己的需求发声，能够满足自己的需要，而不是觉得自己的需求应该被忽略，应该让着别人。这是孩子实现自我人格发展的关键。

这听起来很矛盾，也很难办，但也正说明一点：我们在孩子抢玩具的时候，冲上去"教育"孩子应该分享，甚至把孩子强行拉开是不恰当的，因为这会让孩子觉得你站在他的对立面，而且出卖了他。

孩子看着强大的"敌人"把自己的珍贵财产抢走了，而父母也成了他未来抢夺东西的"榜样"，因为孩子会觉得，既然父母能抢他的东西，那么他也可以抢别人的。当孩子知道父母会抢他玩具的时候，孩子不仅不会变得慷慨，而且会对玩具产生更强烈的占有欲。

一位母亲给她两岁的儿子买了一辆可以坐在上面的玩具车，孩子特别喜欢，恨不得天天都坐在上面。玩具车买回来一天后，这位母亲的侄子来家玩。两个孩子差不多大，侄子还要小一些，也想玩这个玩具车。

一场争执马上就要爆发，这位母亲这时候应该怎么办呢？

其实最好的办法是，在侄子到来之前预料到这件事，干脆把玩具车收起来，但很可惜她没有来得及这样做。于是她看到自己的儿子第一次拒绝与别人分享玩具。她的儿子坐在玩具车上面，她的侄子看到了，激动得想要去抢。

你可能会说，她应该让孩子把玩具让给弟弟玩，要让孩子学会分享，但她没有这样做。她说尽管她并不害怕强制行为会让儿子的情绪失控，可是从学术的角度来说，两岁的孩子根本没有做好分享的准备，而且以她对儿子的了解，如果她让儿子下车，他会觉得自己被妈妈出卖了，并且不会明白为什么他被要求将自己最宝贵的财产交给另外一个孩子。

强迫分享无法帮助孩子学会慷慨地分享。这里的强迫分享，包括用语言、行为让孩子把玩具让出来，比如对孩子凶道"快把玩具给弟弟"，或者直接把玩具从孩子手里抢过来；同时也包括按照大人的要求进行分享，比如大人会说："你们每人轮流玩五分钟。"

按照大人的要求进行分享，会中断游戏，削弱亲子信任，并教会孩子虚假的慷慨。因为你依然是在强迫孩子定时地轮流，他们的注意力很难集中在玩耍的乐趣上，而是在关注时间、关注占有。你可以想象一下有人催你做事的那种感受，那时我们的注意力根本没有办法完全集中在所做的事情上，而是在挂念着时间的流逝。

按照大人的要求进行分享时，孩子的感受是类似的。在没有玩够的情况下，看到别的孩子玩着自己心爱的玩具，孩子是不能感受到所谓慷慨的魅力的，也没有办法自发地分享。所以，强制共享只会破坏孩子玩耍的乐趣，大人的参与不仅不会让两个孩子学会礼让，还会破坏他们之间的关系。

那么，这位母亲应该怎么做呢？这个时候，要让孩子自由地使用玩具，让他自己决定玩多久，充分享受之后，再用开放的心态分享给别人，获得自我满足。

利用这一点来引导孩子学会分享的关键是，该什么时候分享要由玩具的拥有者来决定。不过平心而论，这个方法对我们来讲，执行起来是有挑战的，因为年龄小的孩子往往不愿意等待，比如这位母亲就必须面对侄子的尖声抗议和哭泣。

不知道你有没有这样的体验，就是孩子的撒泼耍赖很容易让大人丧失理智。可是我们要知道，这个时候一定要保持理智，不能和玩玩具的孩子说"你玩的时间够长了"，然后把玩具夺走，给那个正在哭的孩子。因为这样的做法会让孩子觉得，只要哭得够响亮，就能得到自己想要的东西，只要抗议得足够厉害，就可以改变大人的想法；也会让孩子觉得，他和兄弟姐妹是在不断地竞争当中获得想要的东西的，他们是对立的关系。

在这种时候，我们要面对另外一个孩子疯狂的抗议是很有技巧的。除了询问拥有玩具的孩子什么时候才能给对方玩，还要向另外一个孩子保证，我们一定会帮助他玩到这个玩具。

这里需要特别说明的是，不要畏惧孩子哭。对于成年人来讲，看着孩子哭实际上是很难受的，但是你要相信，让孩子哭出来并不是一件坏事。

当孩子因为想要别人的玩具哭出来的时候，很可能他就是需要机会哭，玩具只是最后一根稻草罢了，他觉得得到那个玩具事情可以变好。一旦他哭出来，其实他就并不怎么在意那个玩具了，他只是在尝试体会他的情绪或者管理他的情绪。他固执的表现更多是因为情绪的困扰，而不是玩具。他把自己的情绪宣泄完之后，就不会在意那个玩具了。

你可能还有疑问，如果侄子的母亲在场，觉得你这样做不合适，该怎么办呢？

大人经常会因为碍于情面中断孩子的游戏，给他贴标签，阻止他做一些事情。这时候我们确实要做一个轻重缓急的区分，是大人的面子更重要，还是孩子健康关系的建立过程更重要？我们应该选择站在保护孩子心理健康这一方面，至于大人之间的关系，是有办法进行有效沟通的。

你可能还会说，如果侄子一直哭闹着要这个玩具，他母亲也站出来，让孩子把玩具车让给她的孩子，该怎么办？如果我是那位母亲，我肯定会安抚侄子说："别着急，等他玩够了一定会给你的。"

如果你是这个想要玩具而哭闹的孩子的父母，你应该怎么跟孩子说呢？你肯定不能说："这个坏哥哥不跟我们分享，我们不要了。"你应该支持这样的养育方法，跟自己的孩子解释说："这个玩具是哥哥的，等他玩够了，我们就可以玩了。"

你可能会觉得，这样做让自己的孩子太委屈了，但其实这样做的益处远远大于坏处。因为你的孩子由此慢慢就能够理解：别人的东西别人有决定权，而我的东西我也有决定权；别人玩他们自己的玩具的时候，我应该等待，那么当我主张我的决定权的时候，别人也应该等待我。

互相竞争产生的纷争

除了分享带来的争执之外，还有一种纷争叫作互动竞争导致的纷争。

多子女家庭的父母可能会发现，"这不公平"成了孩子的高频用语。一点儿鸡毛蒜皮的小事，都值得两个孩子大吵一架。这其实是因为孩子之间天生就存在着互相竞争的关系，有时候不管我们怎么引导，他们之间还是会产生非常多的大大小小的矛盾。

面对这种情况，父母除了不要惩罚和纵容孩子，不要激化孩子之间的矛盾之外，还有两个方法值得去尝试。

第一，移情。

简单地说，移情就是转移孩子的注意力。

比如两个孩子吵架了，年龄小的孩子哭了起来，这时候你可以在设置限制的同时，承认孩子的感受和需求。不要对年龄大的孩子说："不要朝妹妹大喊，这会让她哭得更厉害。"而要说："我知道妹妹的哭声太大了，震得你耳朵难受，我也觉得难受，但你不能朝她大喊，这样会吓到她，让她哭得更厉害。"

再比如，大孩子欺负小孩子，你也可以用移情的方法去设置限制，重新调整孩子的冲动。不要对大孩子说："你欺负人，够了，我要惩罚你。"而要尝试说："我知道你很生气，但我不会让你打弟弟。你能告诉弟弟，你有多么生气和他需要做什么吗？"

又或者，你需要去照顾小孩子，可你一过去大孩子就哭。这时候你也可以用移情来设置限制，并让他说出他的想法。你不要对大孩子说："你不能这么自私，过一会儿再玩，小宝宝都饿了。"你可以尝试说："你希望我们继续玩过家家，但是小宝宝哭的时候我需要哄她，这样她就不害怕了，就像你哭的时候我也会照顾你一样。我猜有时候你希望只有我们俩，就像以前那样，对吗？你好像很喜欢我们在这里玩一上午，而不愿意让我去管妹妹。"

第二，关注每个孩子的需求。

比如你在给孩子们盛面条的时候，一个孩子说："他的比我多，这不公平！"这时候你可能会下意识地解释："不是的，这很公平。"但是这场"战斗"你永远都赢不了，因为其实他这样的反应是在说："我觉得你不够爱我，你更向着另外一个孩子。"在这种情况下，你一定要避免陷入争论，不要说："我没有给他更多。你看，你跟他是一样多的。"你只需要引导孩子去表达自己，无须提及其他孩子，并让他确信你总是会给每个人足够的东西。你可以这么说："你好像想要更多的面条，告诉我你要多少？我来给你盛。"

我经常挂在嘴边的一句话是：家是讲情而不是讲理的地方。不要选边站，即便有一方是占理的，也不要站在他那一边，你如果一味主张正义，就会陷入讲理不讲情的怪圈。

作为多子女家庭的父母，你不是法官，也不是警察。你是孩子之间情绪的调和剂，或者叫作"翻译官"，你应该是他们沟通的桥梁。你的目的不是支持这个做对的，贬低那个做错的，而是让他们都能够充分表达自己的感受，充分说出自己当时对这件事情的想法和需求，让他们彼此去倾听，进行换位思考。你要相信，只要你的处理方式是平和、善意的，是尊重双方的，他们就能够达成彼此的谅解和理解。这时候你如果武断地主持正义，就走到了平和式教养的反方向。

吵架在任何人际关系当中都是再正常不过的事。即使你做了一系列的努力，吵不吵架这件事也不取决于你，两个孩子还是可能吵得不可开交。在情绪的控制之下，孩子们可能会做一些你不能接受的事，比如打架，或者说出我恨谁谁谁这样的话。

你一定不要因此而评判说，我有一个很恶的孩子。在情绪的控制之下做一些不理智的事情，是连大人都经常会犯的错误，更何况一个还很难控制自己情绪的孩子。当孩子有这种表现的时候，他的内心只会比我们更痛苦。实际上，孩子的所有不当行为都是他们想与父母连接的呼救。

从心理学上看，吵架其实正是一段关系的关键时刻，它并不意味着一段关系的破裂，相反，如果处理得当，可以让一段关系变得更紧密。因此，吵架是我们回应孩子的呼救，不再让他苦苦挣扎的好机会。

当孩子们发生争吵并且停止的时候，我们可以找一件宽松的成人 T 恤，用黑色的马克笔写上"和睦相处"，然后让两个孩子都钻进去，强迫他们的身体互相接触。身体接触在心理治疗上是一个很常见的方法。当某个孩子觉得不公平，觉得自己被忽视的时候，我们完全可以用身体接触的方法弥补孩子。

比如你可以说："妈妈让你觉得不公平了是吗？都是妈妈不好。让我补偿你一百个亲亲和抱抱吧。"身体的接触可以很好地打消孩子产生的爸爸妈妈不在意自己、偏向弟弟妹妹之类的想法。

接着，我们可以和孩子一起坐下来，让每个孩子都给另一个孩子讲讲自己不开心的事。这样不仅每个孩子都能感受到被倾听，还可以让他们进行换位思考，产生同理心，最终帮助他们共同找到一个解决方案。

对于年纪比较小的孩子，我们也要做好"翻译官"，帮孩子说出他想说的话。你可以对大孩子说："你把妹妹抱起来时她会大声哭叫，你听到了吗？听起来她好像希望你把她放下。"

我们的工作是在孩子之间搭建一条沟通的桥梁，帮助每个孩子表达自己的需求或感受。一旦我们帮他们搭建了这样的桥梁之后，他们就会共同努力解决掉那些不可避免的问题。

当然，还有几个需要注意的地方。

第一，一定要避免偏袒其中任何一方，哪怕明显是其中一方正确。我们只需要帮他们梳理这个冲突的过程就可以了，千万不要选边站。

第二，如果一个孩子攻击了对方，可以请他表达自己的感受，而不是发表对其他孩子的看法。你可以说："你这么去欺负别人，你怎么了？你有什么感觉？"而不是让他去评价和指责对方。

第三，要让双方都认同并且执行最终的解决方案，一旦其中一方出现不遵守的情况，就需要帮助他重新建立对这件事情的认知。

父母的惩罚和纵容会引起更多的纷争

你可能会发现，上面的讲述在告诉我们怎么说、怎么做的同时，还在告诉我们不要怎么说，不要怎么做。

为什么呢？

因为孩子之间的关系就是你和孩子之间的关系的复制。我们用惩罚和纵容去处理孩子之间的关系或冲突，会成为孩子之后处理人际关系的模板或者榜样。比如惩罚，当你惩罚孩子的时候，孩子从中学会的是以下几点。

第一，用暴力解决分歧和处理情绪。

第二，不再用同理心去包容别人。因为所有人都不喜欢被惩罚，孩子在面对惩罚的时候，更关心的是如何逃避，而不是如何改变或者关心他人。而这样的行为认知也会复制到他和兄弟姐妹的争执当中，他没办法理解兄弟姐妹的感受，因此会倾向于用暴力的方式解决问题。

在解决孩子之间的问题时，有四点需要尽量规避。

第一，选择支持一个，反对另一个。比如对孩子说："你别惹妹妹，不然就让你去罚站。"

第二，比较孩子。比如对孩子说："你能不能别问那么多问题？能不能像你哥哥那样专心一点儿？"

第三，给孩子贴标签。比如对孩子说："他是一个聪明宝宝，而你是个调皮鬼。"

第四，允许其中一个孩子和自己关系恶化。父母不能看着关系恶化下去，而要积极地想办法解决。

所以，父母的行为才是养育孩子最关键的因素，也是调和孩子之间矛盾的关键因素。

我们到底该做怎样的父母

从每一个育儿公众号、每一本育儿书上，我们都能够得到很多的育儿智慧，《平和式教养法（多子女篇）》也告诉了我们很多方法，比如前面提到的移情、建立同理心等。这些方法我们可以借鉴，但不要盲从。即使尝试过之后失败了，自家孩子完全不买账，也不要推翻某个教育理念，或者对自己、对孩子失去信心。

每个家庭都有自己的养育风格、养育方式，也有属于这个家庭的育儿智慧。这份智慧专家给不了你，它藏在你作为父母的本能当中。有时候你会发现，身边某个妈妈没有看过任何育儿书，但她不焦虑、不暴躁，也可以很好地处理与孩子的关系，孩子也长成了"别人家的孩子"。这很可能是因为，这位妈妈听从了自己的本能，平和地、充满善意地去解决孩子的问题，一次次地理解孩子的无理取闹。

当我们用这样的方式持之以恒地解决冲突，我们的孩子自然就会慢慢地学会表达自己的感情，学习我们的沟通方式。他会意识到，每段关系当中都可能会出现分歧，但只要学会用尊重的方式来解决问题，就更容易被他人理解和认同。

孩子总是从我们对待他的方式中获得力量的。父母暴躁的家庭，往往会养育出暴躁的孩子，平和的父母也更容易养育出平和的孩子。

首先，在一次次处理问题的过程当中，父母要教会孩子如何控制自己的情绪，以及用什么样的情绪去面对问题，这才是最正确也最关键的；其次，要有包容心、善良和耐心。你对待孩子的方式，就是孩子处理类似问题的模板。当你平和地面对他，积极地沟通、解决问题的时候，你的包容、善良、耐心就会刻在孩子的心里。如果你和孩子的深刻连接能给孩子力量，他就会活出自己的人生。

对孩子来说，父母就像是人生之路上的安全岛。安全岛本身是一个交通用语，是指马路中间的一个区域，你只要进到这个区域，过往的车辆就撞不到你了。而对于孩子来讲，这个安全岛的意思其实是说，孩子知道，他不管是往前走五步、十步、一百步，只要自己回头，安全岛就在那儿，父母就在那儿，自己就可以被保护、被接纳；不管自己是什么样子的，好的、坏的、丑的、美的，是顺应安全岛的还是逆反安全岛的，安全岛都会把自己抱在怀里，给自己温暖安全的支持。

只有当孩子明确认识到自己有安全岛的时候，他才能够更加勇敢地、笃定地往前走，没有后顾之忧地向外发展自己。而这种安全感和我们每一次平和地、充满善意地对待孩子是息息相关的。

请记住，孩子之间的关系，是你和孩子之间的关系的复制。坚持平和、善意地对待孩子，孩子也会平和、善意地对待你，对待兄弟姐妹，对待社会上所有跟他相关的人。

第三章

陪伴是
最长情的告白

孩子其实比我们想象的更爱父母，也比我们想象的更需要来自父母的爱。很多人很会"管"孩子，却不懂得或没有时间"陪"孩子，这不得不说是一种本末倒置。

　　孩子可以在和父母相处的过程中获得心灵的滋养并形成正确的认知，这一章将为大家介绍如何更好地陪伴孩子成长，并重点说明如何巧用游戏力，如何陪伴青春期的孩子成长，以及为何说最好的家教是父母联盟。

第 1 节　与孩子创造心与心的联结

田宏杰解读《由内而外的教养》

与孩子相处的时候，我们经常会遇到以下两个问题。

一是在与别人相处的时候，我们可以非常平和、理性、优雅；但当我们跟自己的孩子相处的时候，却更容易激起负面情绪，更容易烦躁甚至暴怒。

二是我们小时候痛恨的那些父母的教养方式会重现在自己的孩子身上，比如太多的唠叨、指责、批评，甚至打、骂、吼。父母总是忽视我们内在的感受，只是喋喋不休地讲他们自己的道理。我们从小讨厌这些行为，也下定决心不会用这样的方式对待自己的孩子，但是一旦我们处于相似的矛盾冲突情境中，却不由自主地说了跟父母同样的话，做了同样的事。

人际神经生物学研究发现，人际关系会直接影响大脑的发展。我们的经历，尤其是童年的经历会塑造我们的大脑。因此，我们只有深入理解自己的经历，理解自己整个童年当中那些没有经过妥善处理的精神创伤，才能够以一种健康的心理去创造健康、和谐的亲子关系。

反过来，如果我们缺少这样的反思，那些过去悬而未决的旧伤，那些没有经过妥善处理的精神伤害，就会在我们跟孩子发生矛盾的过程中自动发挥作用，比如我们可能会忍不住对孩子做出发火、唠叨、打、骂、吼等各种各样不恰当的教养行为，而这些行为则会影响到孩子的成长。

美国著名心理学家丹尼尔·西格尔和儿童发展专家玛丽·哈策尔结合人际神经生物学的研究，提出了由内而外的教养理念，这也是《由内而外的教养》这本书的主要内容。作者认为，我们不但要关注在外部对孩子做出什么样的教养行为，更重要的是从内在怎么去感受我们的情感，回应孩子的情感反应。每个人在童年时期都或多或少留下了一些伤痕，我们虽然改变不了童年的经历，却可以改变自己对这些经历的认识，从而避免对孩子产生不利影响，与孩子真正建立良好的联结。

外显记忆与内隐记忆

《由内而外的教养》中有这么一个故事，讲的是一位妈妈陪孩子买鞋时陷入的困境。

玛丽特别不愿意看到孩子们把鞋穿坏，因为只要鞋穿坏了，就得去买鞋。每次刚说去买鞋的时候，孩子们都兴高采烈，她也会很高兴地带着孩子们出门，但一旦开始挑选鞋子，就会发生不愉快。为什么呢？因为每次买鞋的时候，玛丽都告诉孩子，你们随便挑，挑自己喜欢的就行。结果孩子挑好后，她都会挑剔孩子们选的鞋不合适，不是鞋的颜色不行，就是价格不合适，又或者尺寸大小不合适。

刚开始的时候，孩子们会很兴奋地挑选，后来就疲惫不堪了，索性说"妈妈还是你来挑吧"，你说哪个就哪个。最后，玛丽也会跟孩子一样筋疲力尽，导致每次买鞋都不愉快。

因为总是这样，所以玛丽开始反思自己总在买鞋这件事上纠结的原因。她是在一次买鞋之后才开始觉察到这个问题的。那时大家心情都很不好，她六岁的儿子问她："妈妈，你小时候也很讨厌买新鞋吗？"

听到这个问题，玛丽突然反应过来："是的，我小时候的买鞋感受也很不好。"她想起自己童年的经历，因为家里的兄弟姐妹八个人，每次都要买八双鞋，所以妈妈总是在促销减价的时候带大家去买鞋。

玛丽的脚是大众尺码，挑来挑去，自己喜欢的都不打折，合适的又都被人挑走了。玛丽的姐姐是长脚，容易买到合适的鞋。她姐姐跟妈妈抱怨的时候，妈妈会说，你买到了合适的鞋，应该开心呀。可是玛丽却买不到合适的鞋，所以她不开心。

给八个孩子买鞋，要每双鞋必须尺码、价格都合适，因此妈妈就会思考很多。玛丽觉得妈妈做决定的时候优柔寡断，花钱的时候不情不愿，而且很快就会变得很疲惫，最后情绪就会变成一座"活火山"。对此玛丽总是担惊受怕，陷入一种负面情绪中出不来，她觉得还是赶紧回去吧，再也不想买鞋了。

这件事过去了很多年，但每次进入同样的情境时，玛丽小时候对于买鞋疲惫、烦躁、无助的情绪就会再次冒出来。她说："当年妈妈忙着催促孩子们上车，忙着把满满当当的大包小包往车里塞的时候，根本没有注意到我从鞋店出来以后低落的心情。"

有了这样的经历，玛丽长大以后，即使忘了曾经买鞋的艰辛，但当她再次处于这种情境时，那些情绪就会被无意识地激发出来发挥作用——她会本能地挑剔孩子们选的鞋子，和她妈妈一样，对买鞋产生负面、沮丧、无力的情绪。

这些存在于孩子身上的早期的负面情绪，如果没有被父母看到，没有被处理，那么孩子长大以后碰到相似的情境，就会被激活。玛丽陪孩子买鞋时产生的负面情绪，不是因为孩子惹她烦恼，或者买鞋让她烦恼，而是因为这个情境折射了她童年的经历。

人的记忆分为两种：一种是外显记忆，就是我们记住了，也知道自己记住了，这种记忆容易提取出来，也容易进行加工；另一种是内隐记忆，就是我们记住了，但不知道自己记住了，它储存在意识层面之下。情绪常常以内隐的形式被存储，如果我们意识不到它的存在，就没办法把它提取出来，也就很难加工它。内隐记忆产生的情绪会在类似的情境中被激活，我们一旦进入这种情绪状态，就会以本能的情绪反应模式行事。

原生家庭的某些固有的、不恰当的互动模式，会通过内隐记忆存留下来，在类似的情境中，会自动发挥作用。所以我们要做的，就是觉察到这些情绪，然后把它从内隐记忆拉到外显记忆中，这样才有改变的可能。

基于这些，下面分享四个能够帮助我们教好孩子的便于实践的方法。

教好孩子的四个方法

通过讲故事帮助孩子感知事实

讲故事是孩子理解世界的重要方法，讲故事永远比说道理好。很多父母擅长说道理，能把道理说得很清楚明白，孩子也能听懂，但却不一定能做到。

父母经常会觉得，我们这么做都是为了孩子好，可是孩子却觉得委屈。为什么我们做了对的事，孩子却不觉得我们对呢？这其实与我们的大脑有关。

孩子用大脑加工道理和故事，使用的是大脑的不同区域。加工道理调用的是理智脑，孩子通过语言去行事；加工故事调动的是情绪脑，孩子会基于情绪行事。如果我们总是给孩子讲道理，孩子就会与情绪断开联结，就不会对这个道理心动，结果就是我们说再多的道理孩子也做不到。

有时候孩子看起来好像懂了道理，也能讲出道理，看起来也都是按道理在行事，但却会产生一种情况，就是孩子没办法停下来了解自己的心理活动。所以如果父母总是给孩子讲道理，道理反而会缺失；而如果我们用讲故事的方式，反而更容易与孩子建立情感的联结。

有一天，一个三岁的孩子安妮卡在幼儿园摔倒了。因为安妮卡一家是从芬兰移居到美国，所以她只会讲芬兰语，不太熟悉英语，这导致老师和她有语言障碍。但安妮卡很活泼，在幼儿园和大家相处得很好。

可是有一天发生了意外。安妮卡早上玩得特别高兴，结果不小心摔了一跤，把膝盖摔破了，哭喊着"妈妈，妈妈"。老师赶紧过来安慰她，但因为语言不通，老师的安慰不起作用，孩子的情绪一直平复不下来。老师一方面赶紧联系她妈妈，另一方面也试图安慰她。

当语言没办法安慰她的时候，该怎么做才能起作用呢？

老师找来了几个洋娃娃和一个玩具电话，通过讲故事把这件事给安妮卡演示了一遍。老师用一个洋娃娃代表安妮卡，另一个代表妈妈，还有一个代表老师。先是代表安妮卡的洋娃娃摔倒了，她开始哇哇地哭。老师假装代表安妮卡的洋娃娃哇哇哭的时候，安妮卡就停下来不哭了，看着老师。这时候代表老师的娃娃就过来，用很温柔的话安慰安妮卡。安妮卡一听，又哭了起来。过了一会儿，"老师"娃娃打电话，"妈妈"娃娃就接电话。"老师"娃娃用很着急的语气说："安妮卡受伤了，你能来吗？""妈妈"娃娃说："好好好，我马上来。"然后"老师"娃娃再过来看"安妮卡"娃娃。

老师把这个故事演示了好几遍，安妮卡的妈妈终于赶到了。有趣的是，安妮卡的妈妈到来之前，安妮卡的情绪已经平复下来了。孩子很有意思，只要他的情绪能被看到，他就会平复下来。

妈妈来了之后，安妮卡做了一件很有趣的事，她主动把这几个洋娃娃和玩具电话推到老师手里，请老师再给妈妈讲一遍刚才的故事，她想让妈妈明白刚才到底发生了什么事。

一个与老师语言不通的孩子，在幼儿园发生了这样一件事，老师用几个洋娃娃和一个玩具电话就把这个情节演出来了。她看到腿受伤之后的自己在哭，看到老师安慰自己之后，她又哭了。她看到老师给妈妈打电话，感受到老师焦急的情绪、妈妈关切的情绪之后，内心反倒生出了力量。

在这个过程中，孩子眼里既看到了自己受伤后的痛苦，又看到了自己情绪缓解的过程，所以你会发现，讲这么一个故事，比老师讲一大堆道理，对孩子说"我们要勇敢，我们要坚强，我们是个勇敢的女孩子"，要好用得多。我们可以通过讲故事帮助孩子感知更多、更丰富的真实和现实。通过讲故事这件事，我们既可以用语言安慰孩子，又可以用这种对情感的关怀，让孩子看到整个过程中全面、真实的信息，然后在这样的情境中学会如何认识当前的情况，学会如何认识自己的情绪，学会怎么向他人表达。

通过讲故事帮助孩子感知事实的时候，父母要注意的是，我们要讲一个全面的故事，而不是只讲故事中积极的一面，因为如果只有积极的一面，故事就会片面。比如在这个故事中，孩子摔疼了腿，老师讲故事讲到妈妈来的时候，如果老师讲的是孩子虽然摔了腿但还是很开心、很淡然、很积极，孩子就会产生一种信念，那就是如果摔倒了，哭是不好的，有消极的情绪是不好的，这样一来，孩子就会跟另一半的自己失去联系。

所以，讲故事的过程中，既要展现积极情绪，也要展现消极情绪，还要展现由消极情绪向积极情绪转换的过程。这样才能把故事讲得全面。

帮助孩子体会情绪后的需求，给出全面一致的反应

当孩子有情绪的时候，我们不要做没有觉察的父母，不要以无

意识、自动化的方式应对孩子的情绪反应。当孩子有情绪的时候，我们的内心也会激起一些情绪，这时候我们要慢下来，观察孩子的内心发生了什么，我们的内心在发生什么，思考怎么对孩子做出连贯的回应。

有一个小女孩叫萨拉，是个四岁半的孩子。萨拉平常有点儿优柔寡断，参加集体活动和社交时，会有些退缩和谨慎；面对新事物，她也没有太大的胆量去尝试。老师曾多次帮助她，但效果并不好。

等到了春季开学时，萨拉开始挑战自己。他们幼儿园的操场上有一棵西莫克树，倒下来形成了一道三米多长的"桥"。幼儿园的孩子特别喜欢从"桥"的一侧走到另一侧，摇摇晃晃，走完后觉得特别有成就感，可是萨拉以前却从来不敢尝试。直到5月中旬的一天，萨拉的自信突然间冒了出来，就像"丁香花长出了花蕾一样"。

萨拉跳上树干，从这一头走到那一头。在这个过程中，一位实习老师一直看着她，等萨拉从树的这一头走到那一头时就大声喝彩："哇，萨拉你做得太好了！非常好！你做得好极了，你是最棒的！"

老师激动地鼓励萨拉，结果萨拉却害羞地看着老师，很木讷地站着，脸上露出淡淡的笑容。接下来几周，萨拉再也没有去碰树干，她回避树干，好像从没在上面走过。

为什么呢？因为老师没有体会到萨拉走过西莫克树组成的

"桥"时，她真实的情绪反应是什么。难道只有完成难事时的喜悦那么简单吗？

这个时候，孩子情绪中那种真实、矛盾的信息到底是什么呢？萨拉在走过"桥"之前，内心可能是：我好想去挑战，但我有点儿退缩，但我还是想去挑战。她走到"桥"上，内心可能会想：我好紧张，但我会坚持。最后她终于走过去了。

在这个过程中，孩子的内在是有矛盾信息的，又紧张又想挑战。孩子在紧张的情况下完成了挑战，但如果老师只是简单地给出了她想给的反应，只是看到了她想看到的萨拉的勇敢，问题是什么？萨拉心里会受打击，她会认为："老师以为我是勇敢地走过去的，但其实不是，我刚才吓坏了，我的腿都在抖，我觉得我其实不勇敢，我很恐惧。"那萨拉下次还敢挑战吗？当然不敢。

那我们怎么做才是正确的呢？

我们不能无意识地、自动化地把我们想给的鼓励、想给的信息给孩子。我们看着萨拉走过去的时候，首先要能够真正地看到孩子真实的、矛盾的、想走又不敢走的矛盾心理，然后跟孩子同频讲话。心理学里有个词叫作"同频共振"。只有同频了，对方才听得到。

所以其实我们可以这样讲："哇！萨拉，老师看到你之前一直都不敢挑战这座'桥'，但你今天却走过去了。刚才你走在上面紧张吗？"

萨拉就会说："嗯，紧张。"

老师说："哇！你虽然紧张，但还是坚持走过去，而且你成功了！"

萨拉说："对。"

你会发现这样才真实。我紧张，我心怦怦跳，但我真的成功了。下次萨拉站在"桥"头，她仍然会带着紧张、害怕和忐忑，但她会慢慢走过去。这样她就会越来越多地看到自己勇敢的力量，想要挑战的力量，哪怕害怕她也想去尝试。

所以，我们要去体会孩子的情绪需求，给出孩子全面连贯的回应。有时候我们不能太强调积极的一面，孩子明明害怕，我们偏偏不说，这时候就会很麻烦。

有一次我去一场演讲比赛做临场指导，也经历了一件类似的事。一个看起来很内向的孩子上台演讲，他演讲的时候特别紧张，额头上满是汗，拿着眼镜，手一直抖，但他还是坚持讲完了。等他下去的时候，我看到他垂着头往下走，就感受到他可能觉得自己刚才不够勇敢，有点儿丢脸。

当时他妈妈先过来跟他说："儿子，你挺棒的！不错，你挺厉害的！"他妈妈说话的时候，虽然语言信息是在表达孩子挺棒，但非语言信息其实是在表达："哎呀，你刚才不勇敢，手在发抖，很紧张。"果然，他妈妈说完那句话之后又加了一句："嗯，下次咱们再放松点儿就好了。"

如果放松是想做就能做得到的，那就没有人会紧张了，所以面对孩子的紧张，我们说"你挺棒的，下次放松点儿就好"，其实孩子听不懂。孩子在演讲的过程中，他是紧张、害怕的，但他努力让自己镇定地完成了演讲，这才是更加值得关注的事情。

所以这个时候，我就过去跟孩子讲："刚才我看到你演讲的时候有一点儿紧张哦？"

孩子说："对。"这样他的情绪就被看到了。

我说："可是老师特别欣赏你，虽然你演讲的时候紧张到发抖，会出汗，会脸红，但却特别镇定地把你的观点清晰地表达出来了。你讲得很清楚，老师全都听懂了。"

当我说完这句话，孩子的状态马上就不一样了，刚才是垂着头，现在他的胸脯都挺起来了。因为他的内心觉得自信了，他明白自己虽然紧张，但还是把观点讲清楚了。这样孩子就能同时看到两种力量紧张的状态和镇定完成的状态。

我说："好啊，那你今天回去再接着练习，想想如果下次再有演讲，你要怎么准备才能表达得更清楚、更明白。"

这孩子就特别开心地回去了。回去以后，他会琢磨自己下次要怎么讲，怎么开头，开头怎么跟大家呼应，讲一个什么样的故事，怎么引起大家的共鸣……等孩子下次再演讲的时候，可能还会脸红、出汗、手发抖，但因为他对内容做了特别好的整理，所以他下次讲的时候就能讲得更加清楚，逻辑也更加清晰，就会越讲越好。

在这种既有紧张又有镇定的过程中，孩子在演讲时镇定的力量就会越来越被看到，越来越被强化，他到讲台上就会慢慢呈现出放松、自然的状态。

父母在跟孩子交流的过程中，要体会其情绪背后的需求，要去看到这种矛盾的、真实的信息。所以，父母不能自动化地、无意识地对孩子的情绪做出纯粹的鼓励或安慰，或者做出一有情绪就恨不得直接骂他之类的直接反应。父母要停下来，在孩子有情绪时，感受自己内在的感受，要先跟孩子真实、全面的矛盾情绪共频，然后才能够引起孩子情感上的共鸣。

通过适时沟通建立联结

父母在与孩子交流的过程中，最怕的就是自己其实不太明白孩子到底在想什么，也不理解孩子发出了什么信号，上来就直接讲道理。

跟孩子沟通交流包括三个步骤：首先我们要接收孩子的信息，其次我们要内在处理这些信息，最后再给孩子回应。

那什么叫"适时沟通"呢？适时沟通就是跟当前情境匹配的沟通。在交流的每个瞬间，父母只有了解在当前的时刻和情境下，孩子发出了什么样的信号，孩子的情感需求是什么，才能够真正地"看"到孩子，"听"到孩子，而不是只关注自己想看到的事，只根据自己的观点和想法，说自己想说的话。

一个孩子在商店里跟妈妈说："妈妈，我想要这个玩具。"

妈妈一看就说："不会吧？你不会想要这个吧？这个玩具没用！"

你有没有遇见过类似的情况？孩子想要某个玩具，我们说这个玩具没用，或者这个玩具家里已经有了，又或者这个玩具不值这个价钱……你会发现这个过程中缺少了些什么，其实缺少的就是孩子想要玩具和我们给出建议之间关注情绪的部分。

其实哪怕我们不能给孩子买这个玩具，也要先去问孩子的感受，感受孩子的情绪。如果缺了关注情绪的部分，孩子就会觉得，我不被妈妈信任，不为妈妈理解，妈妈会觉得我的需求都不重要。

前来咨询的很多人有这样的情况：都记得小时候自己特别渴望买个东西，可是妈妈就是不肯给买，怎么哭也没有用。父母会花几千块钱带他去旅行，可是他想花20块钱买的玩具，父母却觉得是垃圾，但他内心真的很渴望得到这个玩具，因为他的小伙伴都有，只有他没有，他特别想要那个玩具，好去跟小伙伴一块儿玩。

经常有三四十岁的人来咨询，说还记得小时候自己那种求之不得的苦。求之不得本身就苦，但这里面还加了另一种苦，就是父母看不到我的苦，父母不理解我的苦。

那这时候怎么办呢？

比如孩子要买一个玩具，这个玩具跟家里已经有的玩具很相似。这时父母该怎么办？在给出建议之前，先去关注孩子的想法，先去问孩子的感受。

比如孩子说："妈妈，我就要这个变形金刚！"

这时我们可能会本能地说："家里已经有十个了，怎么还买呢？"

但我们不能这样说，我们可以说："这个变形金刚，跟家里的有点儿像。在你的眼里，你觉得这个变形金刚有什么不一样吗？"

孩子可能会跟你讲，它有这样或那样的特点。

你说："哦，你要是不给妈妈讲，妈妈还真的没有看出变形金刚之间会有这样的不同。"

也许孩子跟你讲的是"虽然家里有十个了，但我想要这第十一个，然后我就可以将他们组成一个足球队，就可以让他们练战术……"

你说："哦，原来在看踢球的过程中，战术你也看到了，你还想组建一个变形金刚足球队。"

孩子说："对。"

所以我们应该先了解孩子到底为什么要买，而最终买还是不买取决于每个家庭买玩具的规则。比如你们家定的是一个月买一个玩具，这个月的玩具已经买了，那现在就不能买了。

我们应先听孩子的需求，孩子讲完了以后，我们可以说："嗯嗯，妈妈刚才不理解你为什么要买这个玩具。你这么讲之后，妈妈确实理解了。但这个月咱们的玩具已经买了，这个月是买不到了。

你如果想买的话，今天妈妈可以陪着你多看一会儿，再观察观察，等到下个月能买玩具的时候，我们第一时间来买它。"

孩子的观点被看到了，所以这会儿孩子会认真地去琢磨这个玩具，琢磨完之后就会心满意足地跟着你回家了。也许他跟你回家之后一看，说"哎呀，其实我已经有十个了，也不差那一个。其实我下个月换一种玩具会更好"，等到下个月也许孩子就会做出理智的选择。

当然，有些孩子把想买的理由说完了，但当你说这个月不能再买玩具的时候，他可能会哇哇地哭。他哭的时候我们该怎么办？当孩子在商场里为了一个玩具哭的时候，我们其实要做的是停下来觉察。

当孩子在商场哭，那么多人都看着的时候，我们内心会激起什么样的情绪反应？我们会担心别人的看法吗？我们会担心别人质疑我们的教育方式吗？我们会担心孩子如果在商场这样哭，那么以后可能会变得越来越倔强，要东西的时候就不停地哭吗？我们要看到自己内在的担心、内在的想法，还要理解孩子求之不得的苦。

每个人都可能经历求之不得的苦。身为成年人的你可能不会因为一件玩具而痛苦，但你在工作的过程中，特别想得到一个项目，在得到这个项目之前，你有没有那种"忐忑不安、纠结，希望结果赶快出来"的感受？或者你想得到一个工作机会却得不到，那种痛苦大家应该都有所体会。

对孩子来讲，可能眼前这个得不到的玩具的重要性，跟我们大人的一个项目、一篇论文、一个工作机会的重要性是一样的，所以孩子如果真的是因为得不到才哭，那我们就要理解他的痛苦。把自己内在的情绪处理好之后，我们可以说："妈妈知道你真的想买这个玩具，但我们暂时不能买。妈妈理解你很难过，如果你要哭，那妈妈就陪你一会儿。等你安静下来，你愿意看，可以再看一会儿，然后我们下个月再来买它。"

孩子被我们允许哭时，他的哭就变得很单纯，就只是在释放那些求之不得的痛苦。释放完了，孩子再看看玩具，说："妈妈我饿了，我们去吃点儿东西。"这就像孩子因摔倒了哭是一样的，他哭一会儿之后就哭得不认真、不专注了，开始关注其他的信息了，这时候他"哭"的过程就完成了。

当他的"哭"的过程完成了，开始去做别的事的时候，你会发现孩子下个月选玩具时就会多一丝理性，知道自己每个月只能选一个玩具，一定要选出自己最喜欢的玩具。他会告诉自己：我对玩具有品位，我对玩具有分析，我特别会选玩具，而且我会遵守一个月买一个玩具的规则。

所以，当孩子说自己要买某个东西的时候，父母不要立刻说这个东西不重要。在说结果之前，父母先要去关注孩子的感受，真心地看到他的需求。

在沟通时还有一点很重要，就是要注意我们的言语信息和非言语信息。它们属于一个一致的系统，会共同起作用。有时候父母说："你哭吧，我也理解你。"可是内心却特别焦躁，眼睛不断看向别人，然后对孩子说："你哭好了吗？赶紧走吧！你看别人都在看着你呢！"你会发现，我们内心的焦躁还是会表现出来。

所以父母在思考如何对待孩子之前，要先停一会儿，看一下自己内心的认知和情绪反应，这样在对待孩子的时候就会又多一些觉察。这时候我们通过这种适时的沟通，这种符合情境的沟通，就能看到、听到、感受到孩子，眼里就有了真实的孩子，而不是只抱着自己的观念和要求不放。

建立安全型依恋，让孩子形成有信心的内在工作模式

什么叫依恋呢？依恋就是孩子和主要养育者之间重要、亲密的情感联结，比如孩子和母亲之间的情感联结。依恋会让孩子觉得："当我有需要的时候，妈妈会来满足我，妈妈会对我温柔以待，妈妈会看到我，我的需求都会被看到，都会被满足，我很重要，我很有价值感，我很安全。"

小时候孩子的尿布湿了，妈妈可能就会说"哇，尿布湿了"，然后赶快帮孩子换；孩子觉得渴了、饿了、不舒服了、无聊了，他一哭，妈妈就会立刻跑过来问"怎么了"。

妈妈看到孩子的需求，满足孩子的需求，孩子就会知道自己很重要，自己的需求很重要。如果孩子小时候知道自己一哭，妈妈就

会对自己温柔以待，那么这个孩子小时候就会对妈妈有信心，等他长大以后，就会对这个世界有信心。

孩子知道自己的需求很重要，这个世界会对自己温柔以待，自己可以用不同的方式面对这个世界；能够向同学、老师、朋友、领导、同事、爱人表达自己的需求，和他们之间形成良性的互动。所以，我们要帮助孩子建立依恋，帮助孩子形成这种有信心的内在的工作模式。

前面的内容中也提到过，依恋共有四种类型，分别是安全型、回避型、矛盾型和紊乱型。在这四种类型的依恋关系中，父母会如何对待孩子的需求，孩子会有怎样的感受呢？

第一种类型是安全型依恋。

孩子饿了，开始哭，爸爸听到哭声后，放下手里的报纸，走到婴儿床旁边，试图弄明白孩子为什么哭。

他说："怎么啦？想和爸爸玩吗？哦，不是啊，是不是饿了？哦，饿了呀，好啊。"

然后爸爸去厨房拿来奶瓶，一边安慰孩子说马上就好了，一边把奶冲好，给孩子喂奶。孩子看着爸爸的脸，对温热的奶和爸爸温馨的照顾感到十分满意。

安全型依恋的父母会敏感地看到孩子的需求，满足孩子的需求。当父母看到并满足孩子的需求时，孩子就会明白："我很重要，我的需求很重要。爸爸妈妈和这个世界会看到我的需求，并且满足

我的需求，他们会对我温柔以待。"这个孩子由此形成的信念就是
"我有信心"，而这种信念一旦形成，就会变成孩子内在的工作模
式，孩子未来也会对这个社会有信心。

第二种类型是回避型依恋。

孩子饿了，躺在护栏里哭。开始的时候，爸爸并没有注意到，
当他哭得越来越厉害，爸爸抬头看着他，可是爸爸因为手里的报纸
还没看完，所以就接着看报纸。爸爸可能觉得有点儿恼火，为什么
孩子总是哭？

这时，爸爸以为孩子需要换尿布，就过去帮孩子换了尿布，可
是孩子还是哭，但爸爸却继续看报纸去了。爸爸后来想了一下，孩
子是不是要午睡了？又把孩子放到了婴儿床上，但孩子还是哭。
过了很久，爸爸突然明白了：他是不是饿了呀？然后开始给孩子
喂奶。

从孩子最开始哭到喝上奶，已经过去了 45 分钟。孩子终于喝
上了奶，安静了下来。这个过程中，孩子通过哭来表达自己的需
求，希望自己的需求被看到，可是他哭了 45 分钟，爸爸才明白他
的需求。

这时候孩子就会形成一种信念："我不重要，我没办法也没有
能力让爸爸满足我的需求。"如果这种交流模式经常出现，他可能
就会认为：爸爸不会满足我，妈妈不会满足我，这个社会不会满足
我。因此他就很难跟人建立联结。

第三种类型是矛盾型依恋。

孩子哭了，爸爸听到孩子的哭声，觉得自己应该做点什么，但又很犹豫，他对自己能不能抚慰到孩子没有信心，所以当他走过去抱起孩子的时候，表情很凝重、很担忧。

这种担忧情绪激发了爸爸回忆起上周的一些事。他想起上周老板对他有些不认可，又想起小时候，父亲也总是对他不认可，父亲当着妈妈和两个哥哥的面批评他，妈妈也不出言相劝。这种担忧感、紧张感和心烦意乱的感觉同时涌上心头，爸爸觉得自己好像更加没有信心了。这时候爸爸也许心里想的是"我以后可不能那样对我的孩子，"但他显然走神了。

这时候爸爸听到孩子在哭，重新回过神来，觉得孩子现在可能很伤心，他理解孩子的痛苦，但好像不知道该怎么给孩子安慰，他想孩子是不是饿了，于是给孩子准备了奶，孩子吃上了奶不哭了，他觉得很欣慰，但他还是担心下一次孩子又哭的话，自己能不能给孩子抚慰。

这个爸爸的整个感受就是：我有些担忧，有些不确定自己行还是不行。如果把这种信息传递给孩子，孩子形成的信念就是"我不确定"——这次我通过"哭"把爸爸叫过来了，但我不确定下一次能不能及时叫来爸爸，让他来满足我的要求。这种类型的孩子不确定这个社会会不会满足自己的需求，不确定自己跟他人的联结可不可靠，不确定社会会不会对自己温柔。

第四种类型是紊乱型依恋。

紊乱型依恋常常是父母本身情绪不稳定给孩子带来的恐怖感觉。

孩子哭了，爸爸发现孩子哭，觉得很烦躁、很愤怒——为什么孩子会这样？爸爸愤怒、不高兴的情绪一股脑儿全来了。

爸爸可能慢慢意识到，孩子饿了，可能需要奶，但爸爸因为在冲奶的过程中不小心把奶瓶打碎了，所以产生了慌手慌脚、自己没能力的感觉，加上他之前本来就有的愤怒，他被激怒了。这个时候他觉得很挫败，他觉得自己没有办法安抚孩子，没有办法干好这些事。

爸爸的思绪飘到了从前，他的父母怎么对他不好，他的父母怎么让他受伤害，所以他慢慢有了被伤害的痛苦感受。他已经忘了怀里的孩子，等他回过头来再看孩子的时候，发现孩子已经不哭了，而在抽噎，这让他重新意识到孩子饿了，于是开始重新帮孩子冲奶。

但孩子哪怕喝着奶，好像也被爸爸传染了一种先愤怒后无助的、开始跟外界断开联系的感受。这个时候即便他再去安慰孩子，孩子的目光也会躲闪，不愿再看他。

这个孩子获得的信念是"我害怕"，他担心自己的需求会激怒爸爸，担心自己的需求会给自己带来更大的无助感。未来他不仅会对社会没信心，而且会对自己提出需求这件事也觉得恐惧。

孩子的四种依恋类型决定着孩子的内在工作模式，也影响着他们未来对世界的态度和信心。那父母应该怎么做呢？其实要做的就是关注孩子的需求，温柔地满足孩子的需求，去理解自己、理解孩子，让自己的身心对孩子敞开，去接纳孩子的言语信息和非言语信息，根据当前的情境看到和满足孩子的需求，这样孩子就会有安全感，就会有稳定的自我价值感。

以上内容就是关于如何教好孩子，包括怎么通过故事帮助孩子感知全面的事实，帮助孩子体会情绪后的需求，通过适时沟通与孩子建立联结，以及如何温柔地对待孩子，帮助孩子建立安全型依恋。

父母如何做好自己

多一份觉察

父母要扮演好自己的角色，首先需要关注的是自己的依恋类型是什么。我们在成长的过程中，父母对待我们的方式会决定我们长大以后如何对待自己的孩子。如果我们小时候是安全型依恋的孩子，需求总会被父母看到，那么我们长大以后，就能看到自己的需求，了解自己的情绪，而在面对孩子的时候，也更倾向于了解孩子的需求和处境，然后去满足孩子。

　　安全型依恋的父母会培养出安全型依恋的孩子，同样地，回避型依恋的父母大概率也会培养出回避型依恋的孩子。

　　有一位 40 岁的父亲，他缺乏情绪处理的能力，面对女儿时觉得很无助。这位父亲一直被一个问题困扰，就是他觉得任何事都没有意义，比如他母亲生病了，危在旦夕，他同事被诊断出患了重病，但他好像都没有感觉。他觉得工作很忙，他有各种事情和责任，但也不觉得这样的生活有什么意义。他对别人的感受不关心，对做事也没感觉，也体会不到工作的意义。他觉得自己应该改变，于是就去咨询心理医生。

　　咨询的过程中，心理医生首先了解他过往的经历，比如他小时候跟父母的关系。结果发现他很难回忆起来自己小时候和父母之间发生了什么事情，能想起来的只是他的父母非常有知识，但从来不关注他的想法和感受，只关注工作上的成就和形式上的对与错。也就是说，他的父母对他的情绪是没有感觉的。甚至在他十几岁父亲去世的时候，他的母亲也没有跟他谈过父亲去世的事。

　　所以他好像只有理智，没有情绪；只会用是非判断对错，却没有对情绪的敏感，因此也就失去了对生命意义的感受。

　　那心理医生对此该怎么办呢？

　　心理医生就要帮助他找回情绪，找回感觉。心理医生让他谈谈自己对三个孩子的感受。他说起自己的第一个孩子出生时，眼眶一下就湿润了，他从来没有体会过这么强烈的感觉，他是如此深爱他的女儿，但也非常担心自己不能给女儿带来幸福。当回到那一刻时，他跟她的情感之间建立了联结。后来经过几个月的治疗，他和女儿之间的关系慢慢有了变化。

一个特别典型的变化就是，当他们在夏威夷游泳时，大家戴着氧气罩下水去珊瑚群里找鱼，他和女儿靠得很近，两人仅靠手势和身体语言沟通。那一次，他感受到了和女儿的亲近。

为什么那次他会觉得和女儿之间尤其亲近，联结尤其紧密呢？因为在水下，语言发挥不了作用，他只能全身心地去观察女儿的动作，通过观察女儿的动作感受女儿想要表达的意思。把语言能力去掉之后，他反而对非言语信息或情绪变得更加敏感。

他说平时可能总是语言占上风，总是想着怎么用语言给孩子反馈，怎么用语言指导孩子，这样反倒看不到孩子真实的情绪，看不到真实的孩子，所以平时跟孩子的联结会比较少，但当没办法用语言联结的时候，他的情绪打开了，反倒产生了更多的联结。

我们看到，这位爸爸从小在跟他父母相处的过程中偏向于回避型依恋，但在这次治疗中他看到了这一点，于是加强了对情绪和情感敏感性的捕捉，慢慢地就把这点补了起来。日后他与女儿的关系，以及他与自己的关系，可能都会得到改善。

所以，想要做好父母，首先我们得多一分觉察，能够停下来观察自己内心的情感。

控制好自己的情绪

当然，还有很重要的一点就是，当那些烦躁的、愤怒的、想要指责的行为反应冒出来的时候，我们该怎么办？也就是说，我们该怎么控制自己的情绪呢？

首先我们要了解两个词，一个叫作"高模式进程"，另一个叫作"低模式进程"。

高模式进程，就是以理智为主导的模式。高模式进程依赖于我们大脑的前额叶皮层，就是我们额头包裹的这部分大脑皮层，它的位置比较高，以理智为特征，所以又称为"高通道模式"。"低模式进程"也叫"低通道模式"，它依赖以杏仁核和丘脑为代表的情绪脑系统，因为位置比较低，所以叫"低模式进程"。

高模式进程常常是可控的模式，而以情绪为主导的低模式进程常常是自动化的、不受我们控制的模式。在跟孩子相处的过程中，当我们和孩子发生某种冲突，当我们体会到焦虑、紧张、愤怒等各种各样的情绪的时候，只要情绪被激活，我们就常常进入低模式进程，利用情绪脑系统去行动，这时我们更多的是用本能产生行为。

这时我们该怎么做呢？我们需要暂时停下来，先不做事，做一些深呼吸。在深呼吸的过程中，我们要关注自己，看到自己的想法，体会自己的情绪，然后在自己的内心深处把情绪安抚下来。这样我们的情绪就能慢慢稳定下来，我们就能重新回到高模式进程，回到理智脑的部分，看到在当前的情境下到底发生了什么；对孩子而言，我们才能看到当前事情的意义是什么，他的情绪是什么，他的需求是什么。这时候我们才能更多地看到自己，看到孩子，才能找到更合适的解决方式。

修复破裂的关系

生活中，我们总是希望亲子关系能够和谐美好，但我们也知道，冲突一定会有，矛盾一定会发生，关系的破裂常常会出现。这个时候，进行关系的建设性修复就变得特别重要。

这里介绍三种常见的关系破裂以及相应的修复方法。

第一种叫良性破裂。

良性破裂是指在照顾孩子的过程中，我们有自己的需求，因此暂时没办法满足孩子的需求。比如我们想自己待一会儿，可孩子偏偏黏着我们，这时候我们该怎么办？这时候我们选择忽略他，他来找我们时我们对他爱理不理，或者我们看似理他，其实心不在焉又或者我们选择责怪他，对他说"哎呀，你能不能别黏我了，妈妈都累死了，能不能让妈妈歇一会儿啊""哎呀，妈妈觉得浑身都疼，很难受，一点儿自己的时间都没有"。

其实不管是选择忽略还是责怪孩子都是不行的，因为这两种方式都会让孩子觉得不安、觉得被否定。孩子觉得不安和被否定的时候，可能会想紧紧地靠着我们，从我们这儿得到安慰，得到关怀，从而让自己感觉好起来。所以我们越忽略他，越对他发火，孩子就越会黏着我们。

这时候该怎么办？

特别简单的一个方法是，告诉孩子，这不是他的问题，而是爸爸（妈妈）有自己的需求。我们应该说，爸爸（妈妈）需要一些时间，想单独待一会儿，你现在可以去做点儿自己的事，玩积木、玩厨房玩具、玩拼图或者看绘本都可以。要让孩子明白，爸爸（妈妈）也需要被照顾。等他做完自己的事后发现，爸爸（妈妈）又想和他在一起了，他会觉得自己能照顾到爸爸（妈妈）的需求，就会感到自己有力量。

如果有时候孩子不愿意照办，怎么办呢？那我们就要问自己，你内心是不是真的觉得自己有资格安静地待一会儿，有资格照顾自己，且需要照顾自己？如果你觉得自己有这样的资格，那么当孩子在黏你的时候，你就可以坚定地、温柔地对他讲："宝贝，爸爸（妈妈）确实需要自己待一会儿，暂时没办法陪你，但过一会儿爸爸（妈妈）可以陪你。"

我们的态度不急不躁，也不觉得对孩子愧疚，在这种温柔的坚持里，孩子会体会到一种既被信任又很清晰的力量。孩子感到自己很好地照顾到了爸爸（妈妈）的需求，就会有力量感，与爸爸（妈妈）之间的联结也会变得更深。

第二种叫设限性破裂。

孩子有需求，但我们有要求，孩子说他想要，我们偏偏对他说不行，这就是设限性破裂。比如，孩子说"妈妈，我想再看一会儿电视""妈妈，我想吃冰激凌""妈妈，我想买那个玩具"，我们对他说"不行"。这时候你就会发现，孩子的痛苦感来了，他气急败坏地说："我就要，我就要，我就要。"这个时候怎么办？

针对这种情况，《由内而外的教养》的作者西格尔说："你并不需要满足孩子的所有需求，当然你也不要试图让他一直沉溺在这种难过的感觉中，让孩子拥有自己的情绪，并且让他知道你理解他得不到他想要的东西有多难过，这才是你能够为孩子做的最温柔最有意义的事。"

我们要去理解孩子求之不得的苦，孩子想要再看会儿电视，想要吃冰激凌，想买玩具，这种渴望的强度，跟我们大人特别想得到一个项目、一个职位、一段关系是一样的。

那么，我们该怎么办呢？

第一步，我们要先接纳孩子的情绪，告诉孩子"妈妈知道你现在很想吃冰激凌，你的需求很重要"。

第二步，说出我们的限制。比如，我们可以对孩子说，"马上要吃饭了，咱们说过吃饭前不能吃冰激凌，因为要给肚子留出更多的空间"或者"你一会儿要好好吃饭，得到应有的营养，这样就可以长得更壮"。这就是我们给孩子设定的限制：吃饭前不可以吃冰激凌。但这个限制要提前设置，限制里要传达一些信息：不是妈妈不让你吃，而是吃饭前不可以吃，目的是把饭吃得更好，身体能够长得更好。这样孩子就会明白，吃饭重要，身体长得好也很重要。

第三步，重新回到他的需求上，因为他的需求也很重要。我们应该说："你想吃冰激凌也很重要，吃完饭妈妈会给你舀一勺，你想要杧果味的还是草莓味的呢？一会儿吃完饭你好好地选，好好地吃。"

这样的话，孩子就会觉得自己的需求很重要，长身体也很重要，他需要在这样的限制范围内，找到一个能够满足需求的办法。于是，孩子就会变得又自律又自由。

所以，解决设限性破裂要注意两个方面，一是感受到孩子的需求，二是让孩子理解限制。

第三种叫作恶性破裂。

这种情况就是父母和孩子都处在情绪中，父母对着孩子吼叫、打骂，在这种状况下，孩子会觉得很不安、很愤怒、很委屈，有时候还会有羞耻感。而打骂孩子，父母会感觉很好吗？不会，父母会有深深的无力感，也会觉得内疚，也会觉得羞耻。在这种情况下，父母和孩子都会体会到不好的感觉，那怎么办呢？

其实父母要做的就是在怒火上头的时候，主动让自己停下来。我们可以先觉察自己此刻愤怒的情绪，有哪些是当前的情境引起发的，有哪些是悬而未决的旧伤所激活的自动化的情绪反应。

如果上一次我们打骂了孩子，并且下定决心说下一次我一定不打骂他，那么在这次哪怕是最想发火的时候，我们也要停下来冷静处理。虽然愤怒的想法充斥了我们的脑袋，但不管接下来要做什么，都要停下来冷静一会儿再去做。

所以当你最生气的时候，请停下来对孩子说："我现在特别生气，快控制不住自己的情绪了，所以我现在出去冷静一会儿，你也在这儿冷静一会儿，等到半小时之后，我再回来和你谈。"然后我们就出去散半小时的步，回来之后我们会发现，自己的情绪慢慢地消退了下去，理智重新回来了。当我们重新进入可控制的状态之后，再去处理这件事。

能够在怒火中停下来，这件事意义重大。一方面孩子会得到一种榜样的力量，他看到你在最生气且快要失控的时候主动做出改变，所以这种力量会让他在生气的时候，也能够主动做出改变。另一方面，孩子会觉得有力量，他知道父母哪怕在最生气的时候也不想伤害自己，父母把自己看得很重要，把彼此的关系也看得很重要。一个被父母重视的孩子，内心就会有力量，所以也更愿意去做出改变。

等我们重新冷静回来，他也冷静了，然后我们开始寻找解决办法。我们的大脑重新回到理智状态，可以灵活地找到好几种办法。当我们最终把问题解决掉的时候，孩子成长了，我们也成长了，彼此之间的联结就变得更稳定了。

所以不管是良性破裂、设限性破裂还是恶性破裂，要想修复，最重要的都是联结。父母看到自己的需求，看到孩子的需求，看到规则，父母知道在愤怒的时候怎么照顾到自己，同时照顾到孩子。

所以只要我们跟孩子之间能够在各种破裂的情况下重建联结，彼此之间就会建立起一种弹性的信任。也许这个过程会有些慢，一时之间很难改变，但只要我们看到了，去尝试了，变化就一定会发生。

看到自己，看到孩子

这里我们一起读一首波歇·尼尔森的诗，它叫作《人生的五个短章》。

第一章

我走上街，

人行道上有一个深洞，

我掉了进去。

我迷失了……我很无助。

这不是我的错，

我费了好大的劲儿才爬出来。

第二章

我走上同一条街，

人行道上有一个深洞，

我假装没看到，

还是掉了进去。

我不能相信我居然掉在同样的地方。

但这不是我的错，

我还是花了很长的时间才爬了出来。

第三章

我走上同一条街，

人行道上有一个深洞。

我看到它在那儿，

但仍然掉了进去……这是一种习惯了。

我的眼睛睁开着，

我知道我在哪儿，

这是我的错。

我立刻爬了出来。

第四章

我走上同一条街，

人行道上有一个深洞，

我绕道而过。

第五章

我走上另一条街。

如果我们看不到，我们就改不了；只要我们看到，我们知道，我们能为这件事负责，我们就会找到那条新的路，走上那条新的路。亲子关系也是这样，在每一次关系的修复中，我们都能够去看到，去建立联结，亲子关系就会越来越稳定，越来越有力量。

所以，我们要做的其实是向内的觉察，通过内在的改变去改变外在。我们虽然改变不了自己的童年经历，但可以改变对这些经历的认知，然后改变我们的教养模式。

我们停止了本能的、自动化的模式，就能够停下来看到自己，看到孩子。我们看到了才有可能改变，看到了就走在了改变的路上。

在这个过程中，我们可以用讲故事、情绪同频、适时沟通等方式，更好地体会孩子的需求，看到他，听到他，感受到他，与他进行联结，让他建立安全感；然后在和孩子相处的过程中，用高模式进程，带着理智的觉醒去处理和孩子的冲突，从而建立和谐稳定的亲子关系。

第 2 节　游戏：与孩子亲密沟通的桥梁

Taco 解读《游戏力》

我们小区有个孩子叫月月，她是个有点儿内向、害羞的孩子。有一天，很多小朋友都在小区楼下玩，月月的妈妈也鼓励月月去玩，可是无论如何月月就是不肯。妈妈越往前推她，她就越紧张。

如果你遇到这样的情况会怎么做？

月月的妈妈是这么跟女儿说的："那算了，咱俩玩吧。"然后母女俩就开始玩她们自己发明的"大风吹"游戏。月月用力向妈妈吹一口气，模仿刮大风的样子，妈妈配合地大喊："啊呀呀！救命啊！风太大了，我站不稳了！"同时，还用夸张好玩的身体姿态，模仿被大风吹得摇摇晃晃的树木。

这个游戏的第一个回合就把月月逗得大笑，还吸引了旁边两个小朋友的目光。月月再次"刮风"，这回妈妈只晃了一下，得意地说："哈哈！这次我的根扎得更稳了！没人能吹倒我！"旁边围观的两个小朋友这个时候按捺不住跑过来，帮月月一起吹。

妈妈"慌张"地大喊："天啊！大风还有帮手呀！这回我可够呛了！"然后装作被"风"吹得连连后退。

小朋友们胜利了，开心得又蹦又跳。几个孩子就自然地结成联盟，和月月妈妈对抗，大家玩得很开心，走的时候还彼此约定——明天再来一起玩。

如果父母只是跟孩子说"和小伙伴一起玩才更开心""别怕，你也可以加入"之类的话，对内向、害羞的孩子，不仅可能没什么用，还可能让孩子变得更加抗拒，但如果父母能和孩子一起玩，不仅能让他放松下来，还能让他体验到"大家一起才更好玩"的感受，这比言语安慰或者讲道理都更有效。

更重要的是，在和孩子一起玩游戏的过程中，父母和孩子会产生互动，会有肢体接触，有欢声笑语。孩子通过这些能感受到父母的爱，父母也能感受到孩子情绪和感情的变化。

这就是"游戏力"的力量。

游戏力：在玩耍中进行亲子互动

很多人以为游戏力是"孩子玩游戏的能力"，其实不然，美国心理学家劳伦斯·科恩曾在《游戏力》一书中说，游戏力不单单是孩子玩游戏的能力，更是一种包含在玩耍中的亲子互动养育方式。这种养育方式最突出的特点就是，能让孩子感受到父母的爱。他称这种养育方式为"Playful Parenting（玩耍式的养育）"。

科恩博士在儿童游戏、游戏治疗和亲子教育领域进行了多年的研究，他把原本只在专业领域应用的游戏治疗，转化成各种互动游戏介绍给广大父母，结果这种养育方式收获了很好的效果，其中就包括他对自己女儿的养育实践。

我们平时所说的游戏，大多指孩子和玩具之间的互动，比如孩子自己玩电玩、玩积木、打扮娃娃，但这个过程是缺乏互动的，孩子在孩子的世界里，父母在父母的世界里，两个世界完全没有联结。

而《游戏力》中提到的游戏，强调的是亲子之间的互动，不是让孩子独自玩，而是父母也参与其中，并和孩子在游戏的互动中建立心理上的联结。

孩子往往还没发展出清晰的自我觉察，所以遇事无法精准表达自己的感受和情绪，更不会主动和父母说："爸爸妈妈，我今天不开心，我们可以聊一聊吗？"父母和孩子之间缺少互动和联结，彼此就仿佛隔着一堵墙，父母不知道孩子真正想要的是什么，孩子也无法真切体会到父母的爱。

而游戏恰好为亲子之间的互动和联结提供了机会。爱玩是人类的天性，每个孩子都爱玩，他们虽然不善于表达，但在玩的过程中，很可能会把发生的事情和心情表现出来。比如当孩子被其他孩子排斥时，他可能不会、也不愿意跟父母说出实情，表达自己的难过，但是在玩游戏时，孩子很可能通过扮演那个孤立他的强势方，模仿那个人说话，来发泄自己的难过情绪。

父母只有跟孩子一起玩的时候，才能看到孩子的这种需求，才能陪孩子解决问题。孩子也能通过联结感受到父母的爱，在内心建立起安全感，从而培养出勇气，更好地处理自己遇到的问题，并在遇到无法解决的问题时向父母求助。

游戏力的三大作用

游戏力对孩子有三大作用，这三大作用是层层递进的。

第一，它可以培育亲密，让孩子远离孤独感。

孩子如果感到孤独，那么一个人的时候就可能萎靡不振，喜欢躲在角落，这时候如果有人跟他交流，他又可能表现出蛮横、霸道的样子。很多父母看不出孩子那些胡搅蛮缠背后的痛苦，即使看出来了，也无能为力。而游戏力就是解决这个问题的钥匙。

有一位妈妈出差回家，发现儿子变得特别黏人，而且很容易烦躁，动不动就情绪崩溃。妈妈一出门他就死拽着不放，哭着不让妈妈走。这位妈妈实在没办法，找到科恩博士求助。科恩博士给她讲了游戏力的方法。

有一天，这位妈妈要出门打网球，儿子又哭着不让她走，这回她没有趁着孩子被奶奶拉回去时赶紧溜走，而是把儿子抱起来，和他一起坐在沙发上，开心地跟他说："好了，我不去打球了，我要跟你一起睡个午觉，好累呀。多舒服的枕头呀！"然后这位妈妈就假装打个哈欠，枕在儿子身上，很夸张地表演打呼噜。

儿子这个时候开始哈哈大笑，跟妈妈打闹起来，两人玩了一会儿后，儿子主动对妈妈说："妈妈，你快迟到了，快走吧。"

看，游戏就是如此神奇，能让孩子感受到亲密和安全。当然，这里有个前提，就是父母玩游戏的时候心态是真的放平了，真的投入游戏中，而不能勉强装作平静，然后一直想怎么赶紧摆脱孩子的纠缠。

第二，它能够培育自信，让孩子远离无力感。

经常受挫的孩子很容易陷入无力感的陷阱，他们心里害怕，可是嘴上会否定内心的感受，说着"我不想……""我不会……"，这其实是一种逃避。有的孩子还会因为无力感而把攻击行为当作自我防卫的手段，如骂人、咬人、推人，成了所谓的"熊孩子"。

想帮孩子解决无力感的问题，父母可以全身心投入地跟孩子一起玩游戏，在游戏里帮孩子建立自信。孩子跟人有了亲密感，能时时感受到父母的爱，内心也就有了自信，有了归属感。

第三，它可以培育情绪康复力，让孩子不再深陷悲伤。

比如，孩子们几乎都害怕打针，不要说针扎在身上的那会儿，大多数孩子是一进打针室就开始号啕大哭。作者建议，家长可以跟孩子玩"打针游戏"，让孩子扮成护士给父母打针，父母可以装作哭喊躲避的样子，让孩子在游戏中获得力量感，让孩子在大笑中释放自己对打针的恐惧和阴影。有了稳定的自信，孩子在经历悲伤和痛苦的时候，就可能会比较快地恢复过来。

下面，我们具体介绍一下游戏力如何应用。

培育亲密，远离孤独感

首先，如何运用游戏力培养和孩子的亲密感？

亲密感的核心在于让孩子感受到父母的爱，父母与孩子彼此建立联结。联结是父母和孩子在心灵上相互贴近的状态，很多人误以为联结是一劳永逸的，建立了就一直存在，但事实上，这种状态是动态的。

当父母和孩子在心理上感觉很近时，孩子能感受到父母的爱，彼此之间有联结，交流很顺畅，孩子也愿意听父母的话。但是，一旦父母和孩子有了冲突，产生了距离感，这种联结就会断裂，这时的孩子感受不到父母的爱，无论父母说什么、做什么，孩子都只会感受到权威、命令，他会听不进去父母的话，也不愿意把自己的想法告诉父母，亲子关系就会出现问题。

父母和孩子永远不起冲突是不可能的，因此父母要做的，不是避免联结断裂，而是在联结断裂之后重新与孩子建立联结。

父母往往喜欢用语言沟通尝试重新与孩子建立联结，但孩子的理解能力有限，对于很多事只有真切感受到，才能理解其含义，就像是只有将巧克力和冰激凌吃到嘴里，才能明白它们的甜味一样。因此，父母需要借助其他方式来向孩子传递情感，比如游戏。

作为亲子间的"翻译机"，游戏不仅涉及触摸和拥抱、不同的表情和肢体语言，还能创造欢乐的气氛……这些都是孩子更容易感受和理解的方式，能够帮助父母把"爸爸妈妈无条件地爱着你"这句重要的话翻译给孩子听。

培育亲密感的游戏

在实践中，有一个非常受父母欢迎的游戏叫"爱的香香"。在孩子睡觉之前，妈妈涂一些润肤露或按摩油在自己的手上，告诉孩子："来玩按摩游戏啦，今天我们按摩用的香香可不一般，是我特别准备的一瓶'爱的香香'。香香抹到哪里，妈妈的爱就会跟着到哪里。"然后，妈妈开始轻柔地给孩子按摩，配合一些温柔的语言，比如"帮宝宝捏捏小胳膊""帮宝宝揉揉后背，把妈妈的爱涂很多很多在宝宝的后背"等，按摩完一个部位，还可以亲孩子一下。

在这个游戏中，手势、方法都不重要，重要的是妈妈专注且充满爱意的眼神和温柔的触摸，以及这个游戏带给孩子的舒适亲密的感受。

这个游戏还可以发展出其他版本。比如洗澡的时候跟孩子玩"爱的泡泡"，或者跟更大一些的孩子玩"爱之枪"。

玩具枪是一种有攻击性的玩具，大人稍不注意，孩子玩的时候可能就会用它攻击人。科恩博士也遇到过类似的情况。

玩耍中的男孩拿玩具枪指着科恩博士，一脸得意。这个时候，科恩博士没有说"不准拿枪指着人"之类的说教的话，而是说："哎呀，你找到我的爱之枪了。假如我被这把枪打中，我就一定会爱上开枪的人。"男孩冲科恩博士打了一枪，就立刻尖叫着跑开了。

科恩博士追上他，反复跟他说自己多么爱他。孩子一边跑开一边喊："走开！好恶心，不要再说爱我了。"但又忍不住朝科恩博士开枪。

男孩拿玩具枪指着人，很可能做出攻击性的举动，但科恩博士把它变成了一个充满欢笑和乐趣的"爱之枪"游戏，大人和孩子的关系很快就变得融洽了。

重建联结

关于重建联结的理论，科恩博士做了一个很好的比喻，他说："孩子的内心就像一个杯子，需要不断地感受到关爱，就像一个杯子需要不断蓄水。"

　　孩子累了、伤心了，便需要有人照料、抚慰，使其重新感受到爱，就像杯子空了需要加水一样。大人除了提供食物和抚摸外，安慰难过的孩子、和孩子一起玩耍或者交流谈心，都能重新为孩子的内心蓄水。一旦加满水，孩子就能活力满满地继续去探索、去尝试。

　　作为父母，我们要经常关注孩子的状态，因为孩子不会在内心的杯子空了的时候，告诉父母"我需要续杯了"，他们的表达方式可能是捣乱、叛逆、排斥父母，或者干脆封闭内心，甚至表现出恶意。

　　如果这个时候父母和孩子能够大笑着玩一场游戏，和孩子重建联结，孩子就能重新得到心理满足，这时，他们就又是有安全感的小天使了。

　　有些孩子之所以黏人，或者胆小退缩，不敢去尝试新东西，是因为缺乏安全感。孩子和父母的联结断裂，杯子空了，孩子感受不到来自父母的爱与亲密，才会有这些表现。这时父母要做的，不是把孩子推出去，而是把他们揽进怀抱，帮他们把杯子蓄满，为爱蓄杯。

　　为爱蓄杯，是游戏力最基础的一层，却是极其重要的，就像盖高楼需要先打地基。亲密感和安全感，就是孩子成长的地基。

培育自信，远离无力感

一切进步都需要适当的冒险，而冒险探索，首先需要的就是自信。孩子从哪里才能得到初始的自信呢？

科恩博士总结了孩子成长中三波自信发展的重要阶段。

第一波自信来自孩子刚刚出生时，是获取基本生存需要的能力。如果婴儿发现：我一哭，就能喝到奶；我一笑，就有人跟着笑。那么，他就获得了对这个世界的最初的自信。

作为家长，要呵护孩子第一波自信的发展，对孩子的需求及时回应，保持和孩子的互动。这也是"游戏力"最根本的基础。

第二波自信来自蹒跚学步时，是对别人说"不"，并且坚持自己的意见的能力。这让孩子意识到自己是个独立的生命个体。

对于这一波自信的发展，父母很容易忽略。当孩子说"不"的时候，很少会有父母觉得"太好了，我的孩子开始不听话了"，相反，"不听话""淘气"是父母最多的抱怨。很多父母都害怕所谓的两岁叛逆期，很烦听孩子说"不"，但对孩子的发展来说，"不听话"这个行为的出现有着非常重要的意义。当孩子开始说"不"，就代表着孩子有了独立的自我意识，而且能清楚地表达出来。我们希望孩子拥有的"相信自己，坚持自己主张"的这种自信，最初就来源于此。父母要做的，就是保护他这种说"不"的能力，同时让他愿意和自己合作，遵守必要的规则。

比如，如何用"游戏力"让孩子不说脏话？父母要意识到孩子说脏话往往不是因为不懂礼貌，也不仅仅是为了寻求关注，更多时候是因为说脏话能让孩子感到很有"力量"：既有"力量"支配自己的言行，又有"力量"伤害别人的感情。因此，父母想要解决孩子说脏话的问题，不能只是简单制止说脏话这个行为，而要想办法满足孩子这种对力量感的需求。

父母可以告诉孩子："你可以随便说'臭屁'，但是你绝对不许说'豆沙包'。"绝大部分孩子一听这话，就会立刻开始改说"豆沙包"。因为他的需求不在于说什么词，而在于怎么说最能影响到周围的人。

当孩子开始说"豆沙包"，父母就要表现得大惊失色："喂，刚跟你说过不许说的！不许说！不许说！"最好再配合动作，比如跳起来去捂孩子的嘴，孩子多半会跑开，还一边跑一边喊"豆沙包"，父母可以假装使劲追但追不上他，最后只好捂住自己的耳朵……

孩子"捉弄"大人成功后，会开心又得意，他对力量感的需求已经在这个游戏中充分实现了，不需要再靠故意说脏话来满足了。

这类游戏不仅利用了逆反心理，也不只是为了把孩子的叛逆行为引向正途，还会让孩子体验到两种"力量"：一是话语权的力量，二是闯禁区的力量。这都是自信发展的重要因素。这类游戏以愉快好玩的方式让孩子得到了对这两种力量的满足。

第三波自信贯穿于孩子在这个世界中寻找自己位置的全过程，

尤其是在同龄人的世界里寻找自己的位置。

孩子在长大的过程中，交朋友、玩游戏、学习等形形色色的反馈会在他们内心引起不一样的反应，有些事会让他们感到自信，但也有些事会让他们感到挫败。这时孩子的自信不仅来自安全感，还来自竞争力。

有些父母奉行挫折教育，生怕孩子不知道世间险恶；还有些父母溺爱孩子，试图给孩子建造一个堡垒，将孩子彻底保护起来，让孩子想要什么都可以轻而易举地得到。其实这两种做法都是不对的。正确的做法是一边让孩子持续得到关爱和尊重，一边也让孩子不断经历挑战，使他们既明白付出努力的必要性，又不会因为挑战失败而陷入负面情绪，从而逐渐享受挑战，有能力面对这个世界。

科恩博士在书中提到了一个名叫凯文的孩子的例子，他是一个不太自信的孩子，特别害怕自己在竞技比赛中输掉。

大多数父母跟孩子玩足球时都会告诉他们，这是个比赛，要想办法赢，并且不会故意让着孩子，有些父母甚至会告诉孩子"这个世界是残酷的，每个人都要拼尽全力"，想借此培养他们坚强的性格。但其实这种做法会让孩子过于重视输赢，而忽略了内心的感受。科恩博士发现，越是把这些话听进心里的孩子，似乎越容易有暴力倾向。因此他跟凯文玩足球的时候，没有把它当成一次比赛，而是把关注点放在凯文情绪的处理上。

开始时，科恩博士一直让凯文赢，慢慢地，凯文有了一些自信，开始尝试加强防守，并且有些紧张，开始制定规则，让科恩博士停下。

科恩博士停住不动，凯文就从他旁边把球踢进去，得了一分。

科恩博士假装生气："我在停住的时候怎么防守呢？"

凯文说："这是规则，你得遵守。"并且他又制定了一个新规则，说如果反着踢进球，可以多得一分，但这个规则只适用于自己，其他人反着踢不算。

很多父母遇到这种情况，会觉得这孩子太多事了，但其实这就是孩子建立自信的一个过程。跟同龄的小伙伴踢球才是竞争，而跟爸爸妈妈或者其他长辈踢球，他们只有自己制定规则，安全感才会得到必要的补充，这样他们才可以出去跟同龄人进行真实的较量。

科恩博士顺着凯文的规则，希望借机让凯文理解情绪，所以他装作被欺负的样子说道："呜呜，这一点儿都不公平。"

凯文看到"无所不能"的大人也会呜呜地哭，马上就咯咯地笑了起来，他感到安全、好玩。他捧腹大笑，并且在笑的过程中，逐渐忘记了输赢导致的强烈感受。

就这样，凯文想要增加一些难度，但他没有直接讲出来，而是说："真没意思。"其实潜台词是"我想跟你公平地打一场"，这时候科恩博士说："对呀，我没有尽全力，你希望我尽全力么？"

孩子心里有了安全感，对胜负有了平常心，对挑战也就有了动力，就会慢慢开始享受胜利，也享受挑战了。

培育情绪康复力，不再深陷悲伤

　　游戏力对孩子的三大作用，就是在一层一层地搭建孩子的成长阶梯。这个阶梯的地基是亲密感和安全感，它能为爱蓄杯，让孩子远离孤独；其次是培养自信心，增加能力的培养，引导孩子远离无力感。

　　孩子有了亲密感、能力和自信心之后，还需要应对挫折和失败的情绪控制能力和恢复能力，也就是"情商"。

　　大脑中产生情绪的部分从孩子一出生就开始自动运转了，但理智思考的部分却要随着孩子的成长而发育，要经历漫长的时间，一点儿一点儿地成熟。无法调节情绪往往是孩子很多所谓"问题行为"的根源，比如：遇到一点儿小事就大发脾气，甚至摔东西打人；莫名地哭闹不止，怎么哄都哄不好。

　　如何用游戏力解决孩子闹情绪的问题呢？

　　其实，当孩子正在发脾气，尤其是正处在强烈的愤怒或难过中时，是不适合马上玩游戏的。很多人对游戏力有一个误解，认为游戏就是教父母怎么用游戏搞定孩子，但事实上，父母对孩子内心需求的理解和接纳，才是游戏力的核心所在。

　　孩子闹情绪的时候，首要需求是能够畅快、自由地把情绪表达出来，但是很多父母习惯性地压抑自己的情绪，也常常用同样的方式对待孩子的情绪。比如对孩子说"别哭了，多大点儿事啊，不至于"，或者用转移注意力的方法，试图让孩子走出负面情绪："别哭了，妈妈带你去买冰激凌""你看，那个滑梯多好玩"。如果在这个时候玩游戏，也只是在用游戏转移孩子的注意力，并不会疗愈孩子的情绪。

疗愈孩子情绪的第一步，是让他自由地释放情绪。

孩子难过，就让他在父母的怀抱里哭泣；孩子发脾气，父母就充满同情地坐在他身旁陪伴他。情绪被自由地释放出来后，孩子才更能接纳这件事，不至于将这件事压在心里成为更大的问题。

在这个基础之上，父母就能运用游戏力，帮孩子找到更好的面对情绪的方式。游戏力在这里有两个很重要的作用。

第一，帮助孩子认识情绪。

什么是生气？我有多生气？什么事更容易让我生气？这些问题，光靠讲道理，大人说不清，孩子也很难明白。《游戏力》中介绍了一个工具，叫情绪测量仪，它可以根据父母想跟孩子讨论的不同情绪，相应地称作"愤怒测量仪""紧张测量仪"等。

这个工具市场上买不到，大家可以根据自己的情况自己制作。比如做一把尺子，上面写上 1~10 的刻度，1~20 也行，而且不必非得用数字，也可以用颜色，比如绿色代表最轻，黄色代表中等程度，红色代表最严重。再比如有些男孩喜欢恐龙，那么可以用温顺的恐龙表示程度最轻，用凶猛的恐龙表示程度最严重。这个测量仪的作用是帮孩子更准确、更直观地认识情绪的强度。

比如一个男孩学网球，有一段时间因为要去打比赛特别紧张，他的妈妈就会跟他一起对照紧张测量仪：在学校门口遇到老师，紧张程度为"小飞龙"；上台去讲数学题，紧张程度为"长颈龙"；打比赛，紧张程度为"大暴龙"。

第二，帮助孩子增加正面情绪。

孩子认识情绪之后，父母就可以通过游戏力帮助孩子增加正面情绪。父母可以和孩子沟通，看看哪些方式能帮助他放松，比如玩一个"吹紧张"的游戏来缓解紧张。

父母可以跟孩子说："让我们把身体里的紧张吹出来。深吸一口气，想象紧张的感觉都积累在胸口，然后用力吹出来。"

其实这就是一次深呼吸，深呼吸可以有效地缓解紧张。孩子通常不能理解深呼吸是什么概念，或者觉得没意思而不肯做，而把它变成游戏之后孩子将更愿意参与其中。

还可以再加一个环节，就是把紧张吹给别人。比如吹给爸爸，爸爸就立刻用滑稽的方式，做出很紧张、哆哆嗦嗦的样子。这样孩子会特别开心，就更容易放松了。

情绪就像一架天平，一端是正面情绪，另一端是负面情绪。所谓调节情绪，就是让天平两端的情绪平衡，这样人就不会被负面情绪压垮。想要达到这个目的有两个办法，一个是减少负面情绪，另一个是增加正面情绪。"把紧张吹给爸爸"这个环节让游戏变得更加好玩，能有效地为孩子增加正面情绪。

《游戏力》这本书，对什么样的游戏是好游戏有一条黄金标准：游戏能够产生笑声。在游戏力中，笑声是建立联结的信号，是成功完成挑战的象征，也是孩子不再觉得痛苦和受伤的标志。

不过需要说明的是，一定不能强迫孩子笑，比如强制挠痒等。它带来的笑声不是我们想要的。不想笑却被迫笑，只会给人带来屈辱的感受。

用游戏力解决育儿难题

家长有时会遇到一些特别令人头疼的情况，即使努力了很久，孩子仍然不受控制，不肯合作。

比如，孩子早晨不肯起床，不肯穿衣服，不肯刷牙，不肯吃早餐，不肯上学，而早晨又往往是家长最忙碌、最容易焦虑的时候，家长很容易情绪失控，孩子的情绪也会因此爆发。这时候应该怎么办？科恩博士分享了一个穿衣服的游戏。

科恩博士的女儿艾玛有段时间早上不愿意自己换衣服。他一开始也很烦躁，因为觉得孩子明明做得到却不肯做，就是在故意跟自己作对。但讲道理和催促没什么效果，反而让大家都越来越不耐烦。

有一次，科恩博士情急之下，抓起了女儿的两个布娃娃，表演起了玩偶剧。

A 娃娃满怀挑衅地说："老天爷，她不会自己换衣服吧？她不知道怎么穿衣服啊！"

B 娃娃很有信心地说："她会的，她真的会自己换衣服。"

A 娃娃又说："不可能，她只有 5 岁啊，她不可能会自己换衣服。"

这时候，艾玛就开始自己换衣服了。而科恩博士让 A 娃娃正好"没看见"，于是 A 娃娃还在说："哼哼，她根本不是自己换的衣服。"

B 娃娃则高声反驳："是她自己换的！你根本没在看！"

这个时候，艾玛不仅自己换好了衣服，还笑得很开心。

玩了几次之后，艾玛就养成了自己换衣服的习惯，不用每个早晨都上演一出玩偶剧了。但有时候她会直接提要求："爸爸，来玩那个娃娃说我不会换衣服的游戏吧。"

原本爸爸和孩子因为换衣服的事，处于一种相互对抗的状态，但通过两个布娃娃的游戏，对抗消失了，还添了很多趣味和欢乐。

也许有人会说，早晨那么忙，哪有这么多时间跟孩子玩游戏呢？的确，觉得玩游戏浪费时间是父母的普遍认知。

实际上，如果用催促、命令的方式叫孩子起床，孩子不开心、抗拒、磨蹭，然后父母失去耐心，开始大吼大叫，搞不好孩子还会哭闹一场……这样消耗的时间可能会更多；相反，通过好玩的方式与孩子互动，看似耽误时间，但因为孩子会更配合，各项事情反而会进行得更顺利。

另外，用这样欢乐的小游戏进行互动，还能避免孩子产生被强迫的感觉，保护孩子的自主意识。能自己说了算，坚持自己的主张，是自信成长的重要基础，也是我们每个人的本能需求。

孩子在日常生活中越是被控制，越缺少独立自主的机会，就越会本能地想以其他方式获得掌控感。需求越是得不到回应，孩子就越迫切地想要确认：我能说了算吗？孩子日常生活中各种所谓的不听话，甚至是叛逆的行为，大多都源于这种需求。

所以，用游戏互动的方式来解决孩子早晨不起床、生病了不吃药、挑食不爱吃蔬菜这些问题，并不是耍花招骗孩子听话，而是在遵守必要的规则和保护孩子的自主意识之间，找到一种很好的平衡。

父母不妨想一想自己对孩子的要求，哪些是必须达到的，哪些可以适当放松，哪些完全可以把选择权交给孩子。孩子获得的自主权越多，就越愿意主动合作。

那么，在日常生活中，如何想出更多有创意的游戏呢？下面介绍一些设置创意游戏的基本方法、原则和常见问题。

打闹游戏

打闹游戏，就是和孩子一起打打闹闹的游戏，它的特点就是父母与孩子之间有很多身体接触，并且具有一定的攻击性，比如枕头大战、揪尾巴等。父母也可以在普通游戏中加入一些打闹的环节。单纯的赛跑、扔球不是打闹游戏，但如果增加了相互追逐、围追堵截的环节，就变成了欢乐的打闹游戏。

提到打闹游戏的攻击性，父母可能会很担心。因为很多父母认为，"攻击性"是一个负面的概念，往往跟"打人""暴力""伤害"等联系在一起，但是社会学家和心理学家认为，适当的攻击性对我们的生存具有至关重要的意义。

从原始社会开始，捕猎这种攻击性的活动就是我们祖先获得生存资源的重要方式。当自身遭遇危险时，我们本能地就有"打"或"逃"这两种反应，所以，父母大可不必谈"攻击"而色变。

对于攻击性，我们要做两件事：一是让攻击性有合适的渠道得以宣泄，二是让孩子学会自控。孩子需要的不是本能地逃避攻击，而是与攻击的冲动和平共处。假如我们不让他们在游戏中练习，他们就会在真实的生活中练习。

我们都看过小动物之间打打闹闹的场景。它们互相追逐、啃咬、拍打，努力把对方推倒，却又不会伤害对方……小动物们虽然有尖牙和利爪，却都能把分寸拿捏得刚刚好，既玩得开心，又不会把对方惹恼。打闹游戏不仅能让孩子以健康的方式宣泄攻击性，而且能让孩子在玩耍的过程中逐渐学会控制自己的攻击性。

孩子会在打闹游戏中明白，想让游戏愉快地进行下去，就要既刺激好玩，又不能真正惹恼对方或伤害他人。因此，他们就能在这个过程中体会自己的力量，感受自己的力量会对他人造成什么影响，然后学习调整和控制自己的力量，保持与他人之间的友好关系。

角色置换

角色置换，就是让孩子扮演另一种角色。孩子可以在游戏中扮演老师、父母、医生、怪兽这类相对于孩子来说更强大、更有权威的角色。大人则扮成弱小、服从的一方，最好能用夸张滑稽的方式，把现实中孩子的沮丧、害怕、无奈在游戏中表现出来。

孩子往往很喜欢主动发起这类游戏，比如孩子当医生，家里其他人当病人。作为父母，如果孩子扮演的医生要给你打针，你觉得你应该做出什么反应？是很乖很配合，还是大哭大闹呢？我的同事悦悦妈妈曾分享过这样一个故事。

某年冬天，悦悦得了肺炎，频繁去医院化验、吃药，还拍过一次片子。那段时间，悦悦很喜欢在家扮演医生，还让妈妈买了一套医药箱玩具。

她经常带着"医药箱"给家里的人"做各种检查"。她拿着耳温计放在妈妈耳朵里测一下温度，然后煞有介事地说："哎呀，38.5 度，你发烧了。"然后把听诊器放在妈妈的胸部，仔细地听一听，对妈妈说："你需要拍一下片子，验验指血，看看是不是得肺炎了。"

一听需要验指血，妈妈就表现出很害怕的样子说："扎针太疼了，我害怕。"悦悦会非常淡定地说："不疼的，就像蚊子叮了一下。"

如果妈妈继续胆小退缩表示不敢，她就会变得很严肃，强行抓住妈妈的手，在妈妈手指上按一下，表示验完血了。然后妈妈委屈地说："真的像蚊子叮了一下，但还是挺疼的。"

妈妈越是表现得胆小害怕，悦悦就越是兴奋，有时还表现得很"冷酷"。到了吃药环节，妈妈依然表现得很抗拒，不想吃药。于是悦悦对妈妈说："你把药吃了，肺里面的小细菌就被打败了，你试试，听听你肚子里的小细菌在说什么。"

妈妈假装听从她的劝解，一口把药喝掉，然后说："我肚子里的小细菌说——不要打我！哎呀，我们被打败了，救命啊！"悦悦在旁边特别开心。

听完这个故事，大家会发现，悦悦妈妈在游戏中扮演的病人，不是我们期待孩子做的那样懂事、配合；相反，她就像许多孩子表现的那样害怕、抵触，而且她的害怕、抵触是用一种好玩的、游戏的方式表达出来的。

为什么需要这样做呢？

首先，角色置换游戏可以帮孩子释放恐惧情绪。在孩子生病去医院的时候，无论他们表现如何，大部分孩子的内心都是很恐惧的，这时家长单单说"别害怕"是没用的。角色置换游戏这时候能帮上大忙。孩子扮演医生，成为有权威、有力量的角色，这能平衡其之前被要求，甚至被强迫检查、吃药带来的挫败感。大人扮演病人，而且以有趣的方式表现出害怕，就能让孩子有机会处理自己内心的恐惧。

现实在游戏中被暂时倒置，这是游戏力的来源。置换角色，缓解了孩子在现实中因弱小而产生的挫败感，对恢复孩子的自信非常有帮助。

其次，角色置换游戏在缓解孩子的分离焦虑方面也特别有效。

孩子可以扮演大人出门去"上班"，这时候父母可以扮演一个黏人的小孩，假装大哭大喊："你别走！我不想跟你分开！"

注意，这种表演一定要足够夸张，如果不够夸张，反而可能勾起孩子真实的痛苦记忆。如果父母的情绪是放松且真实的，孩子往往会特别兴奋和开心。大人假哭得越厉害，孩子就笑得越开心。

等孩子扮演的"大人"下班回来，父母所扮演的"小孩"应表现得非常惊喜，迎上前去对他说："我都想你一整天了！"

在这样的游戏中，孩子首先可以获得对分离的掌控权。孩子的日常生活通常由父母安排，对于什么时候得和爸爸妈妈分开，什么时候能在一起，孩子都是被动的。但在游戏当中，孩子扮演了爸爸妈妈，就可以自主决定什么时候"出门去上班"，什么时候"回家"。

爸爸妈妈扮演孩子，并且在游戏中示弱，就能更好地让孩子体验到自己的力量。孩子在游戏中获得的控制感，能很好地平衡在现实生活中的被动与失控，对孩子而言，这是一种疗愈。

最后，角色置换游戏让孩子体验到真实的情绪。分离是假的，重逢的喜悦是真的。说再见是假的，分别时的想念是真的。我们经常跟孩子解释"妈妈下班就回来了""一会儿就能看见爸爸了"，也希望孩子明白"即使不在一起，爸爸妈妈也爱你、想念你"，但这些大道理如果仅用语言表达，孩子是很难理解的。

在一遍遍的游戏中，孩子亲身经历了从分离到重逢的过程，而爸爸妈妈也通过目光、表情、肢体动作直接表达了不舍、想念与爱。比起语言，这是更好、更有效的共情方式。

平衡"跟随"与"主导"

在游戏力中，跟孩子玩好游戏的诀窍就是在"跟随"与"主导"间找到平衡。

"跟随"也就是听孩子的。这说起来简单，做起来却十分不易。父母早已经习惯了给孩子提建议、提要求、做指导，因此在游戏中给孩子自己做主和自己说了算的机会非常重要。这是帮助孩子获得掌控感、建立自信的好机会。

如果孩子提出父母不能满足的要求怎么办？比如太危险，或者父母做不到的要求。书里给出的方法是只说"好啊"。先认同和接纳孩子的想法，然后再提出问题或者构建一个场景来帮助孩子思考或者感受。

比如，当孩子对车很好奇，想爬上车顶去玩，甚至想"坐在车顶上回家"的时候，父母可以先不急着否定，而是口头上说："好呀，我们爬上去吧！"这时孩子反而可能自己会有所警觉，说道："妈妈！不可以！那样太危险了，我们不可以坐上去！"

很多时候，孩子提出一个要求，可能就是想看看父母的反应，如果他提出一个不容易达到的要求，父母同意了，他反而需要自己想清楚这样做的后果是怎样的，但如果父母立刻否定，他会觉得这主意"很酷"，父母是在杞人忧天。因此我们可以先不否认孩子的想法，再进行正确的引导。

但如果孩子这时候兴高采烈地说："好，我们快爬上去吧！"父母应该怎么办？

这个时候，父母可以"装傻"地问道："那车子急转弯的时候，我们要怎么样才能不被甩下来呢？"通过这样的提问引导孩子自己去判断。

与"跟随"相对应的另一个关键词是"主导"。但要注意，和孩子游戏的首要原则是跟随，父母只在一些特定的情况下，才需要做主导。

比如，父母想跟孩子一起玩，但孩子自顾自地搭积木，不理会父母，父母该怎样加入孩子的游戏呢？

首先，要避免指手画脚。父母可以先用提供服务的方式参与，看孩子需要哪块积木，然后递给他，也可以捡起一块积木，请教孩子怎么搭，然后用滑稽好玩的方式出错，跟孩子抢同一块积木等。

其次，如果孩子总是反复玩同一个游戏，或者总是重复同样的主题，父母可以主动为孩子提供新的想法，帮孩子拓宽思路。比如一个小男孩总是喜欢玩打仗游戏，那么父母可以在游戏中扮演受伤的人，让孩子参与救助，这样就能在游戏中引入关爱和照顾的主题。

总而言之，父母的主导通常只是在跟随孩子的过程中提出建议，或者稍做改变。游戏中的情境是假的，但游戏中的情绪和感受却是真实的。父母跟随孩子的脚步，配合他们游戏，就能让孩子有机会处理自己的感受，有机会重获自信与亲密，蓄满心中爱的杯子。

亲子游戏中的常见问题

1. 游戏力适合多大的孩子？

无论多大的孩子都适合。根据不同年龄的孩子的特点，游戏的方式需要做相应的调整。比如，"蒙猫猫"就是适合与婴儿进行的游戏：父母在婴儿面前，用手（或者手帕）蒙住自己的脸，然后"哇"地把手拿开，给孩子一个大大的微笑。

对于更大一些的孩子，最重要的是先多了解他们，也就是"跟随"。跟随孩子的脚步，看看孩子喜欢做什么，不管这件事对父母来说多么无趣、没意义，甚至不喜欢，父母都可以先尝试加入。无论多大的孩子，内心都是渴望与父母的亲密联结的，都是需要父母的陪伴的，只是游戏的方式和难度要调整一下。

只有进入孩子的世界，才能为他们提供真正的支持。

2. 游戏失效了怎么办？

一位母亲苦恼道："女儿不刷牙，是我家的愁事。我发明了一个游戏，自己扮演牙齿细菌，希望以此激发女儿打败细菌的主动性。第一次效果确实不错，但是第二天就不灵了，我刚自称牙齿细菌，女儿竟然回答'我是细菌宝宝'，这可怎么演下去啊？"

很多家长都有过游戏失效的经验，经常一个点子刚用两天就失效。遇到类似情况，父母可以把游戏进行多种变化，比如：让孩子当老师，给"妈妈学生"示范如何刷牙；或将牙膏说成"魔法牙膏"，孩子刷了牙就能变身大力士，能打败爸爸；等等。

同时，家长要在互动中不断解读孩子的表现，如果游戏失效了，那么背后往往隐藏着一个深层的需求。用游戏解决具体问题，是养育方法，但并不是养育目标。穿透表面，发现并满足孩子的深层需求，才是养育互动的真正目的。如果仅仅把游戏看作让孩子乖乖听话的工具，那么孩子很快就会识破，游戏也就失效了。而如果我们把游戏作为与孩子联结、向孩子传递亲密与爱的桥梁，那么它就会拥有持久的力量。游戏能解决很多问题，但千万不要只为了解决问题才陪孩子玩。

3. 遇到问题总用游戏来解决，怎么能让孩子面对现实生活中的挫折？

很多人担心，孩子在学校时，老师、同龄伙伴不会像爸爸妈妈这样用游戏的方式来帮孩子解决问题，这时候怎么办？孩子会不会受不了？

事实上，随着孩子长大，逐渐离开家庭，他们的生活圈子和人际关系逐渐丰富，遇到新环境和新挑战是自然而然的。哪怕在家里，父母也不是时时处处用游戏与孩子沟通的，总有一些规则是孩子必须遵守的，孩子总有一些需求是得不到百分百满足的，所以孩子从来都没有脱离过现实生活。

想让孩子做好准备，迎接外面可能更严苛的挑战，重要的是培养孩子的适应能力。用游戏力为孩子培养起来的亲密、爱、安全感、自信心以及情绪恢复和控制能力，就是孩子适应能力的重要来源和滋养。家庭教育对于孩子最大的意义，不是练习场，而是爱的蓄水池。

4. 父母如何为自己"蓄杯"？

对于陪孩子做游戏，父母应该做到：有创意，有耐心，也有体力。所以父母自身的状态特别重要，只有自己状态好，才能更好地与孩子互动，即父母为自己充电，相互倾听，为自己"蓄杯"。

"蓄杯"是游戏力的关键词，不仅孩子需要蓄杯，成人也需要，而蓄杯的最好方式，就是为自己找一个倾听者。这个人可以是配偶、朋友，或者心理咨询师，重要的是能够尊重你、对你的话题感兴趣且不会指手画脚教你做事的人。找到倾听者的同时，我们也可以做别人的倾听者，或者相互倾听，轮流帮对方蓄满杯子。

父母要对自己的情绪状态有清醒的觉察，遇到问题要能意识到：我现在有一些情绪需要处理，把自己的情绪问题与孩子的问题分开，先处理好自己的问题，才有力量帮助孩子。

以上就是关于亲子游戏中常见问题的解答。父母要知道，游戏力并不只是"游戏"，而是一种玩耍式的亲子养育方式。它不仅能够帮父母解决眼前的养育问题，更重要的是，它能在潜移默化间塑造孩子有爱、有欢笑地看待他人和世界的方式，它也能帮助父母看到孩子内心的真正需求——对爱的需求、对力量感的需求，然后及时满足孩子，培养亲密感。

生活从不缺少难题，相比硬着头皮迎难而上，有时候需要转一转角度，有时候需要调一调方向，而有时候就是要停下来，对自己做个鬼脸。有时候，笑了，问题就少了。

第 3 节 　了解你的青春期孩子

樊登解读《解码青春期》

　　"每个孩子都需要一个'罗德尼'"，作者乔希·西普在《解码青春期》这本书的序言中这样写道。罗德尼是谁？其实，就是父母，这里的"父母"未必与被抚养者有血缘关系，但只要他肩负着培育青少年的责任，那么他就符合这本书中所说的父母这个词。

　　乔希·西普从小就是一个叛逆的孤儿，儿时的经历让他对成人世界充满不信任。进入青春期后，根据规定他被送到寄养家庭生活。寄养家庭的爸爸叫罗德尼，他总是默默地为乔希收拾烂摊子，但乔希并没有因为有人照顾而有所收敛，相反，他的不良行为愈演愈烈。直到有一天，他无证醉酒驾驶，被警察抓进了拘留所。在申请家属保释时，罗德尼对乔希说，"我会保释你，但不是现在，因为我不能在你犯任何错误的时候，就直接把你从麻烦当中揪出来，有些错误需要你自己承担"。第二天，乔希被保释出了拘留所，他心想自己肯定要被赶走了，但罗德尼只讲了一句话，就是这句话改变了乔希的一生，让他开始反思，从此走上合作和学习的道路。

罗德尼说："你视自己是一个麻烦，但我们视你为一个机会。"

这句话同样可以送给每一个拥有青春期孩子的家庭。当父母把孩子视为一个麻烦时，不妨先想想，他有没有可能也是一个机会。青春期的孩子最迷茫，他可能会犯错，会不知所措，也可能会做很多奇奇怪怪的伤害自己和他人的事情，但他依然是一个巨大的机会。乔希·西普长大后成为著名的青少年研究专家，去往各地演讲，并写了《解码青春期》一书，为许多和他有相似经历的家庭带去帮助。这就是我们希望传递给大家的理念：即使再叛逆的孩子，也拥有向上生长的力量。

解码青春期的三种关键思维模式

处于青春期的孩子，荷尔蒙分泌旺盛，主管情感的大脑边缘系统发育成熟，但负责理性控制的前额叶皮层尚未完全发育，这就是青少年情绪多变及做出诸多糟糕行为的原因。作者在剖析青春期问题前，首先向我们讲解了三种关键思维模式。理解青春期的孩子，要从这三种关键思维模式入手。

关键思维模式一：青少年比看起来更需要你

很多父母一看到这句话就觉得不可能："他恨不得一天到晚不用见我，能躲我多远就躲多远。"但是乔希·西普说："你相信我，孩子是在用这种方式试探你。"调查显示，孩子在青春期最担心的事情，实际上是他没有更多时间跟父母相处。孩子发现自己在慢慢长大，总有一天会离开这个家，无法再在父母的庇佑下生活，他对此感到恐慌。在这种恐慌的状态下，他会做出很多试探性的动作。

作者在这里讲了他坐过山车的经历，当他终于坐上期盼已久的过山车时，却惊讶地发现竟然没有安全带，只有一个拉杆可以摁在腿上。他非常担心，于是把拉杆推起来，压下去，推起来，压下去，反复试验。在推压拉杆的过程中，他领悟到，其实自己非常需要那个拉杆。

当一名青少年不确定自己是否需要某个东西时，他会不断确认这个东西到底管不管用。很多青少年虽然表现出对父母的排斥和抗拒，但就像他们推拉杆一样，表面看起来是在推，实际上是想把它紧紧地压在自己身上。所以第一个关键思维模式就是，青少年比看起来更需要我们。

那么孩子的健康成长究竟需要什么呢？作者将其称为"资产"，这里的资产分两类：外部资产和内部资产。外部资产是有利的外部环境和经历，包括：家人的支持和爱；为他人服务的经历，如每周至少一小时的社区服务；明确的规矩和惩罚措施；有效利用时间的意识。那什么是内部资产？那就是积极的性格特征和价值观，包括努力学习、诚实正直、能进行良好的计划和决策，以及具备积极的态度。这两类资产需要父母跟孩子进行大量互动才能提供给孩子。

那么，我们应该如何做呢？

具体来说，首先父母可以和孩子安排专属的约定，比如每周设定一个亲子陪伴时间，在这个时间和孩子进行广泛的交流互动，让他感受到自己是被陪伴着的。面对约定，父母绝不能轻易地取消或更改，我们要成为孩子心中一个靠得住的拉杆，而不是一个随时就会散开的拉杆。接下来，是让约会变得有趣。不必每次都询问孩子的学习和交友情况，这会让他们感到厌烦。你可以安排一次别开生面的周末活动，和孩子一起徒步、打球、看电影、参加读书会活动等，让这个活动变得丰富多彩，这样孩子就会期待和父母一起度过这个专属的约定时间。最后，请记住，不要期待约会永远是顺利的，青少年犯错是一件非常正常的事。失败后在放弃和继续尝试之间，我们总要做出选择，而我们也都知道，人这一辈子没有多少事是不经过失败就能学会的。

希望所有那些误以为子女不再爱自己、想要远离自己的父母知道，孩子的内心其实在不断呼唤你的靠近。你应给予孩子更多的关注与帮助，与他建立专属的约定，让你们彼此能够更和谐融洽地相处。

关键思维模式二：游戏规则变了，你的身份也要转变

十岁前的孩子缺乏足够的自理能力，因此父母的身份更像是一名空中交通管制员，孩子吃什么、做什么、去哪里、和谁玩，都由父母全权安排。当孩子进入青春期，父母就需要找到一个新身份，即"教练"。那么，教练能够替球员上场打球吗？显然不行。同理，我们要知道真正解决问题的那个人，一定是孩子自己，而不是父母。书中有一句话，我认为是至理名言："要么你牢牢地管着他们，要么让他们自己成长，但是，二者不可兼得。"

我相信父母都希望孩子能够自主成长为一个成熟独立的个体，那我们就需要重新理解教练这个身份。教练的身份意味着什么？首先，教练代表着权威。成为教练不意味着放养，而是要在孩子面前建立一个可信的形象，让孩子遇到任何问题都愿意跟你商量。很多孩子经常会和父母说"这是我们老师说的""老师要求的"，意思就是"你说的不管用，我不会听你的"，这其实是孩子跟父母对抗的一种表现。因此，想要做好一名教练，首先要在孩子心中树立权威形象。其次，要意识到教练很重要。做教练不是从空中交通管制员的身份退居二线，相反，这个时候你要加倍打起精神，因为你肩负了一个更重要的职责——教会他。

好的教练有三个特质。

第一，关注个性，而不是只盯结果。

父母和孩子吵架很多都是围绕着"能不能考上大学""这次考试成绩排名第几"等话题。当父母的眼睛只盯着最终结果时，没有哪个孩子能承受得了，他会思考自己究竟是人还是考试机器，抑或是父母谋取成功的工具。一名优秀的教练看中的是学员身上的特质、他的个性成长及未来的发展方向，而不是一次分数或一场胜负，没有教练只盯结果。父母要循序渐进地帮助孩子改善学习方式，树立正确的思想和价值观念，提升他们在每一个环节上的能力，这样他才能够达成自己想要的结果。

第二，故意跟孩子讨论毁灭性失败。

什么是毁灭性失败？酒后危险驾驶，就可能导致毁灭性失败，以及因吸毒过量、街头暴力导致的死亡，也都属于毁灭性失败。这种失败的代价很沉重，但父母已经不能用空中交通管制员的那一套管教孩子了，因为青春期的孩子产生逆反心理后，情况会变得更加麻烦。一个有效的方法是，和孩子多讨论相关话题，比如对他说"我昨天看到一个新闻，有小孩开车出事故了"，跟他探讨事件背后的成因和可能带来的影响，从而让他了解毁灭性失败的严重性。书中给出了一个数据，美国贫困家庭的孩子如果能够做到以下三件事，就有超过 80% 的可能摆脱毁灭性的长期贫困，它们分别是：高中毕业、等到至少 21 岁再结婚、等结婚后再生孩子。为了避免孩子陷入毁灭性失败中，父母要多和孩子开诚布公地讨论这些问题。

第三，用价值观而非情绪来管教孩子。

很多父母没有意识到，他们其实是在用情绪管教孩子。发脾气、拍桌子、摔东西，以及说出类似"我不理你了""你太让我失望了"等发泄性话语都只是情绪表达。只表达情绪是无法向孩子传递价值观的，所以我们常常会看到，父母对孩子发飙，孩子则用更加暴躁的言行顶撞回来，这就是父母的不良情绪传递给了孩子。当我们不知道如何跟孩子沟通时，可以问问自己：我的价值观到底是什么？我希望传递给孩子什么？我为什么反对他做这件事？找到你不希望孩子这样做背后的原因，那就是你的价值观，而不是单纯地生气、担心、烦躁，情绪对解决问题没有任何帮助。

那么，如何成为一名真正的教练呢？

第一，赛前排练。有一年暑假，我把儿子送去参加夏令营。那年他才十岁，没有独自出过远门，我们当然很担心，于是我们就提前在家里边一遍遍演练，问他：你记得我们的电话号码吗？你在当地能找到谁？发生这样的情况你该怎么办？这就是赛前排练，教练要负责全局规划和排练。

第二，比赛期间放手。到了比赛的时候，父母唯一能做的就是放手。比赛需要孩子自己打；人生的路，也要孩子自己走。你可以帮他做好赛前规划、赛后评估，但你不会时时刻刻都在他身边，实际上人生的大部分挑战都需要孩子独自应对，你能做的就是培养他们拥有这种心态与能力。

第三，赛后回顾和评价。在孩子参加夏令营回来后，我们向他了解了那次游学情况如何，并让他总结学到了什么，掌握了哪些技能，下次可以调整哪些地方。这叫作赛后回顾和评价，目的是让父母帮助孩子总结经验，提升技能。

关键思维模式三：父母也需要帮助

在教育孩子时，很多父母会落入以下四种陷阱。

第一，舒适陷阱。父母只追求自己的舒适，对孩子的事不管不问。

第二，认可陷阱。父母对孩子只有认可、讨好、不对抗。青春期的孩子难免会犯错，这类父母的教育方法是只做正面反馈，不断给予鼓励，而不去触碰孩子真正的错误。我们知道，爱在某些程度上就意味着明确的规矩。如果家庭氛围过于自由、没有界限，孩子就会感受不到爱，他会觉得自己无论做什么都没有人在意，他无法从家庭中习得爱与合作，进入集体后也不知道该如何与人相处。

第三，控制陷阱。它是指什么事都是父母说了算。我们经常能看到某些十五六岁的孩子做事情仍然毫无主见，凡事都要征求父母的意见，就是因为他们被控制得太厉害了，失去了独立思考的能力。

第四，成就陷阱。父母只关心孩子有没有赢、拿回了多少奖牌、考上了什么大学、排名有没有进步，陷入了对孩子成就的盲目追求。

这四类陷阱是孩子青春期出现大量叛逆行为的原因。父母可以对照自己的行为，观察自己是否在无意中掉入陷阱，再有针对性地修正言行。

作者在讲这部分时谈到了一个有趣的话题：成年人的傲慢与谦逊。傲慢代表着什么？靠谎言度日。傲慢的人听到"个人能力有限"这句话时，第一反应往往是"这怎么可能，我没有缺陷"，他不愿意承认自己能力有限，只会辩解称"我会更努力"，他听不到别人的声音，也拒绝了别人的帮助。傲慢会营造一种害怕失败、耻于寻求帮助的家庭文化。在这样的家庭中，父母可以做错事，但孩子不行，这就是来自成年人的傲慢。傲慢的背面是谦逊。谦逊意味着以真理为准绳，面对同样的情况，谦逊的人认为这是正常的："我有盲点，也有弱点，我很脆弱，有时会以自我为中心，所以我可能需要一些帮助。"谦逊的父母能够塑造出一种彼此信任、紧密联系的家庭关系，父母和孩子可以相互帮助，共同进步。选择谦逊，并不意味着选择低头，也不会让你变得软弱，相反，它会让你意识到自己的不足，然后更勇敢地战胜它，从而获得孩子的信任。不要做一个傲慢的、从来不会犯错的家长，你可以谦逊，你可以求助，你可以跟孩子一起讨论并解决问题。

一个人要想做成大事，要学会临事而惧。当一件大事要发生时，你内心得有恐惧感，知道这件事情是危险的，你才会认真对待。当我们发现孩子出现不良行为时，我们要予以重视并学习谦逊地处理问题，具体来说：第一，向别人请教；第二，和好朋友交心；第三，组建一个顾问团，你可以组建一个关于孩子怎么度过青春期的顾问团。和其他人经常探讨这类问题，听听其他人的经验和建议，你会发现自己犯错的可能性会大幅度减小。

青春期孩子的不同阶段

这一部分是《解码青春期》里的核心内容，想要了解青春期孩子的特征，掌握这些知识是非常重要的。

11~12 岁："谁喜欢我"阶段

11~12 岁孩子的主要特征是天真多变、缺乏安全感，生活焦点在于如何被他人所接受。

这个阶段，父母的核心作用是提供保障。父母要把握住这段时光，与孩子一起规划探险，为孩子安排有意义的活动，与孩子尽情享受读书、看电影、听音乐的亲子时光，还可以和孩子聊聊自己最大的冒险和失误，孩子其实很想了解父母。我儿子特别喜欢听我曾经的失败经历。有一次我随口提到当年参加乒乓球赛，决赛局输掉的事情，我儿子就让我仔细跟他讲讲。我说打到最后一个球，

21：21 平，需要连赢两个球才能赢，但我太紧张了，呼吸都不顺畅了，以至于我把球抛起来准备发球时，竟然一口气把球吹跑了。我儿子听完后没有嘲笑我，他特别理解我，他说："爸爸，比赛的时候是会很紧张的。"这感觉很神奇，就是我在和他分享我的成长经历，但这的确是一个很好的增进孩子对父母认识的方式。

11~12 岁的孩子喜欢学习新技巧，喜欢有挑战性的事情，也渐渐能够理解抽象的概念，比如正义。他们开始从不同的角度看待这个世界，并尝试寻找别人行为的动机。生理上，大脑的快速发育会导致孩子健忘，因此孩子上学忘记带东西可能不是因为粗心，而是因为大脑正处于这个发育阶段。他们会经常和人辩论，但辩论时更多的还是以情感为基础，而不是逻辑，并渴望得到同伴的认可。如果他们有一位同性的挚友，会受益良多。此外，他们开始对异性感兴趣，会尝试亲密的举动，也常常为了合群而掩饰自己的真实情感，做决定时犹豫不决，并比其他任何阶段更容易撒谎，看重感官刺激，轻视坚持和实践的作用。

12~14 岁："我是谁"阶段

这个年龄段的孩子的特点是好奇、易怒、不稳定，生活焦点是寻求自我。

在这个阶段，成人的作用是肯定孩子开始显露的长处。书中提供的建议是：多多鼓励，每天对他们说些鼓励的话；带他们去想去的地方，和孩子在途中闲聊；与孩子一起制定一套条款清晰、得到他们认可的规则，这会帮助你成为一名办事公正的权威人士；在保证尊重的前提下，密切关注他们的行踪，用数码设备和孩子保持联系，并且经常和他们待在一起，不过也要适当地给他们留一些空间。

14~15 岁："我究竟属于哪里"阶段

这个年龄段的孩子合群、冲动、喜欢寻根问底，并且可能会特别喜欢研究哲学，爱因斯坦就是在这个年龄段开始读康德的。他们的生活焦点逐渐变成了朋友。

父母要去了解孩子的圈子，最好能够引用生活中的例子来说明交朋友是需要技能的。当然，这不是要教他们讨好他人的技巧，而是要和他们讨论什么是真正的朋友，朋友间的宽容和关心应该是什么样子的，最好结合你的经验来讲。记得父母拥有否决权，你行使否决权时要格外慎重，但在必要时，还是要及时将消极影响扼杀在萌芽阶段，比如孩子要深夜开车出去，又或者你发现他在酗酒，这时候你都要果断制止。同时，父母要给孩子希望，告诉他们不管这一年发生什么，他们自身的价值都不会因此而改变，未来也不会就此定格。父母可以尝试扩大圈子，邀请其他可信赖的成人，抽出时间陪伴孩子。

这个年龄的孩子会像哲学家一样思考，追寻自由是他们的行为动机，所以父母要尽可能让他们自己做选择。至于恋爱关系往往是昙花一现。一些父母一看到孩子跟异性接触紧密，就警铃大作，开始找对方父母谈、找老师谈，让孩子转学或者转到隔壁班，试图把他们分开。但这就像高压锅原理一样，父母给孩子的压力越大，两个孩子就被压得越紧。实际上，在这个阶段，父母只要告诉孩子底线在哪儿，同时给他们足够的自由空间就可以了。没有外部的压力，高压锅里的东西是没法煮熟的。在情感上，选择会让孩子觉得更有信心，而规则则做不到。孩子可能仍然对自己处于变化中的身体感到不安，在行为动机方面也会经历变化，追求刺激的情感经历，迷恋于自我伤害、酗酒、色情信息等，父母要帮助他们应对极端情绪。

15~16 岁："为什么我不能"阶段

这个年龄段的孩子叛逆冒险、勇于尝试，最常说的话是"为什么别人都可以，而我不行"，追寻的焦点是自由。

在这个阶段，父母的作用是帮助孩子树立价值观。你需要创造机会，让孩子接触到更多能帮助他们建立正确价值观的成人，观看优秀电影作品是个不错的选择。父母要主动出击，即使孩子把你从身边推开，也要争取他们的信任，给他们写卡片、发信息，腾出时间陪他们高高兴兴地玩。帮孩子建立明确的规则，对孩子说明你的期待及违规的后果，做到言行一致。与他们谈论情感问题，不管他们是否开始谈恋爱，他们肯定有关于恋爱的观点，给他们机会，让他们在没有压力的情境下和你谈论恋爱观。

让他们寻找冒险的机会，不要限制他们的经历，让他们置身于充满挑战的情形中，才能激发潜能。我朋友的孩子在高二时，告诉他爸爸自己打算骑自行车去其他城市旅行，于是他爸爸就带着他一起去骑行。孩子觉得爸爸是他的战友，他们一起冒险、探索世界，所以这个孩子的成长及家庭关系都非常健康。

15~16 岁也是青少年自杀事件的高发时期，他们渴望自由，喜欢与愿意聆听自己想法的成年人交谈。电影《心灵捕手》里的男主角从小在暴力的环境中长大，导致他几乎不信任成年人。后来他遇到了一位大胡子导师，导师愿意倾听他的烦恼和成长的疑惑，慢慢地走进了这个孩子的内心，并挖掘出了他的数学天赋。这个阶段的孩子其实很在意别人对自己具体的赞扬，他能够意识到自己的个人倾向和行为方式，但他可能还无法独立地解决一些复杂的问题，所以父母仍然要留心细节，及时为他提供帮助和引导。

16~17 岁："我如何才能变得重要"阶段

这个年龄段的很多孩子标新立异、理想化、不切实际。他们的生活焦点是自己如何才能变得更重要，即卓尔不群。

在这个阶段，父母的作用是帮助孩子培养才能。这个时期孩子的压力很大，因为他们大多要开始准备高考。所以此时的关键行动是识别孩子的独特才能和性格特征，把孩子的潜能激发出来，父母同样可以邀请一些值得信任的成年人来帮助孩子。当孩子有消极行为时，父母可以试着提醒他们"你现在的所作所为可不像你自己"，通过指出孩子的行为有违他们自己的价值观，来劝阻其消极行为。不要扼杀他们的梦想，尽管他们的某些想法看起来可能不现实。父母要明确自己的职责，你已经不再是空中交通管制员，而是一名提供帮助、统筹规划的教练。

在这个时期，孩子喜欢研究复杂问题，喜欢冒险和听耸人听闻的经历。他会产生投机的心理和理想化的倾向，很难做长远的打算。我们经常发现，某个阶段的高中生会突然想要跳过学习的步骤直接去工作或者去做些什么事情，对此父母不必太担忧，这是一个正常的心理过渡表现。在情感上，他们会把幽默看作积极沟通的方式，对"我是谁"这个问题，不再像以前那么纠结，可能会比前几个阶段更诚实。说谎是有阶段性的，孩子说谎是因为他不知道怎么办，找不到正确的解决方法。孩子到了 16~17 岁时，慢慢学会了怎么跟大人坦诚地讨论问题，也就不需要说那么多谎话了。

17~18 岁："我将来做什么"阶段

这个阶段的孩子关注未来、积极主动，对未来有畏惧心理，大部分孩子的生活焦点是毕业。

父母的作用是关注他们的选择。对于这个年龄的青少年来说，没有什么比自由地做任何事更令人欢欣鼓舞，也没有什么比没有选择更令人沮丧。而这个阶段的大多数孩子是介于两者之间。父母的关键行动是让孩子平静下来，告诉他们没有必要现在就弄明白整个人生的道路如何走。你可以帮助他们确定最初要走哪几步，对于选择继续读书的孩子来说，父母可以鼓励他思考自己对哪些专业和领域感兴趣，可以带孩子去不同的大学里参观。对于即将进入社会的孩子来说，父母可以与孩子讨论事业方面的话题，帮助他们调查、测试自己的职业兴趣；送孩子去观摩优秀的企业，看一看别人是怎么创业的。不要急于帮助孩子摆脱困境，让他们学会如何应对困境、改正错误，这样才能让他们为将来做好准备。

孩子即将享有前所未有的自由，因此父母应找个合适的时机，移交那份自由，让他们学会自己做主。对于某个特别感兴趣的领域，他们会做得很好，常常会迸发出创造性的想法；而对于处理起来吃力的问题，他们仍然需要父母提供建议。有时孩子可能会过于浪漫或者危言耸听，把情形看得过分严重，对时事和社会问题较为敏感。他们能够解决复杂、步骤繁多的问题，想要自己做主，但也能够尊重别人的意见，平和地与他人相处。他们在情感上也更加稳定，看重自己的坦诚。

如何应对青春期的各种挑战

在这本书中，作者介绍了如何帮助孩子应对青春期的常见挑战，我们在这里重点讨论人际关系、亲子沟通、不良行为带来的挑战，以及孩子在面对电子产品和学校教育时的问题。

人际关系的挑战

孩子在与人交往的过程中，可能会无意间得罪别人，但他不知道自己做错了什么、为什么会给别人带来伤害。

这个时候，我们首先要教孩子学会体谅他人，一个重要的方法就是提问。《高绩效教练》里讲到好的提问是创建觉察，我们可以询问孩子：到底发生了什么？你觉得对方为什么会生气？你认为他们有理由生气吗？如果换作是你，你有什么感觉？用提问的方法帮助孩子建立换位思考的能力，他才能够对别人受到的伤害感同身受。

接下来，鼓励孩子做自我评估。当事件平静下来，让孩子客观地评价一下自己的行为：你觉得你当时做得对吗？还希望自己那样做吗？如果类似的事件重演，你会做出什么不同的选择？让他们进行自我评估，鼓励他们迈出第一步——为做错的事情承担责任、主动道歉，这会促进孩子走向成熟。

然后，帮助孩子学会补救。让孩子懂得做了错事要及时补救，避免伤害持续扩大，父母要和孩子一起思考补救的方式。

最后，劝说孩子学会顺其自然，不要期望他人一定会接受自己的道歉，因为有时候矛盾带来的影响过于深远，已经给对方带来了无法修复的创伤。要让孩子学会不强求对方原谅自己，要诚恳谦逊地表达歉意，并记住这个教训。

亲子沟通的挑战

如果在家庭中，孩子辜负了你的信任，比如偷拿了家里的东西，或者突然花了很多钱，该怎么办？这里有一些建议。

1. 转变看法。父母可以换一种思维方式，从积极的角度来理解这件事情。孩子犯错也许是一件好事，他让这个问题提前暴露出来，就避免了未来出现更加不可收拾的状况。

2. 平息你的怒气、失望和恐惧。只有先让情绪平缓下来，处理问题才会更有效。你可以先从孩子身边离开几分钟，到另一个空间冷静一下。

3. 展示脆弱。孩子往往知道自己做错了事，觉得自己肯定要挨批评了，这时候父母不要再展现出自己的强势，而应该告诉他："我这么担心，是因为如果……，可能会发生……"把后果阐述清楚，告诉孩子自己最担心的事情，以及它可能带来的毁灭性打击。这种沟通的方式就是展示脆弱，当你这样做时，孩子也会向你展示他内心脆弱的一面。这时候他就成为跟你一起解决问题的人，而不是问题的一部分。

4. 让孩子参与讨论。询问孩子："你认为接下来会发生什么？我们如何才能弥补这件事？"父母要让孩子参与到善后事宜的讨论中，而不是单方面地给出惩罚，并且问题的处理方式要能在孩子的行为、损害和后果之间建立清晰合理的联系。

5. 教会孩子通过多交流来获取你的信任。父母是孩子生命中最重要的人，如果孩子失去了来自父母的信任，这将是一辈子的损失和伤痛。父母要让孩子明白，如果想要重新获得父母的信任，只有通过多交流来弥补过去做的错事，才能与父母一起解决这个问题。

6. 从错误中反思。我们询问孩子"从这件事当中我们学到了什么"，不仅是在引导他们对整件事进行回溯和反省，也是在帮助他们培养健康的、富有成效的自我管理能力。

以上是在孩子令你失望的时候，你可以做的事情。当然，我们也可以做一些准备，来规避类似事件的发生。比如，制定一个成文的、明确的家规。家规对于青春期的孩子还是很重要的。在制定家规时，有以下几个关键要素要注意。

首先，我们要在心平气和时而不是争吵时制定家规。大家坐下来，在一个轻松愉快的氛围中讨论这件事。其次，邀请孩子参与，保证双方对家规能达成一致意见。父母不能抱着"我说的话就是家规"的心态来管教孩子，这会让家规变得毫无意义。所以在制定家规时，你可以问问孩子想要的特权是什么，他对父母有什么要求。

请一定记住，家规不光是约束孩子，应该对家庭里所有成员都有约束作用。最后，家规必须写下来，形成条款，让所有相关人员在上面签名，确保出了问题会严格按照家规执行。

青春期的孩子在和父母沟通时，经常会表现得不耐烦，甚至十分抗拒父母的关心，但他们又会反复抱怨父母不了解自己。有一个简单的方法可以改善你和孩子的交流。找一个漂亮的笔记本，写出你想对孩子说的话。注意，笔记本是用来写你想要讨论的问题的，而不是用来表达你对孩子的责骂和训斥的。在睡觉前把笔记本放到孩子的床头，第二天早上整理床铺时，拿过来看看孩子有没有给你留言。这个方法非常适用于那些面对面交流难以开口、不知道说什么的家庭，你们可以通过这个笔记本进行交流，它会成为家里宝贵的仪式和财富。

不良行为的挑战

在孩子青春期时，父母还会面对一个常见的问题，那就是孩子可能做出危险且令人不安的行为。父母要格外注意以下七个关于孩子的信号，它们往往意味着孩子遇到了一些难以处理的事情。

第一个，睡眠突然出现明显的变化，包括难以入睡、睡眠时间减少、夜醒增加、嗜睡等。

第二个，吃饭习惯突然出现明显的变化，比如饭量突然大增或大减。有的女孩进入青春期后，对身体形态的改变感到紧张和陌生，于是疯狂节食，整个身体越来越瘦，甚至出现厌食症的倾向。

第三个，注意力突然变得难以集中。抑郁会导致注意力不集中，如果孩子的大脑产生了抑郁情绪，他就会呈现出一种心不在焉的状态，精神和身体都会变得疲乏。

第四个，分数突然下降。

第五个，比往常更加易怒。

第六个，日常生活规律出现较大变化。比如，孩子的上学线路或日常规划突然发生了很大的变化。

第七个，社交圈突然出现变化。孩子的生活中突然出现了很多奇怪和陌生的人，这往往意味着一些重大事情正在发生。

这些信号是在告诉你，你的孩子可能正在危险的边缘挣扎。父母要学习识别这些信号，并及时向孩子伸出援手。比如，孩子得了饮食失调症，为了让自己越来越瘦，他变得不愿意吃饭，这时候父母能够做什么？首先，你要理解孩子的自卑感，这是导致他过于看重自己形象的原因。我们需要给予孩子更多的认可，让他在生活的其他方面收获信任和鼓励，这样他才能更加自信，不再去虐待自己的身体。其次，和电视上的言论进行辩论。如果你发现电视上的言论不断向孩子灌输瘦才是美的观念，你要在旁边告诉他这是不对的，美是多样的，过于追求瘦只会带来不健康，等等。

电子产品的挑战

青春期的孩子非常容易沉迷在网络中，一个可靠且持续的解决方法是陪孩子一起享受没有屏幕干扰的时光，去感受自然、去寻访古迹、去积极运动，让孩子去体会电子产品无法带来的真实且富足的快乐。此外，规定电子产品的使用时间。晚上睡觉前的 1~2 小时尽量不要让孩子接触电子产品，因为这样可能会影响大脑对休息时间的判断，从而干扰孩子的睡眠节奏。

网络欺凌也是父母需要关注的问题。父母要让孩子意识到，他在网上发的所有东西都是他的公开简历。网络时代没有什么秘密和隐私可言，所有在网上发的东西都是透明的。那些不当言论，那些网暴行为，总有一天会被人揭开，成为实施者人生的一部分，并且如影随形地跟着实施者。所以，父母要告诫孩子，不要在网上谩骂别人，不要在网上传播不负责任的照片，那是在伤害自己，在出卖自己。父母可以教孩子使用"祖母批准过的过滤器"准则。这个准则的意思就是，每次在网上发表言论前，问问自己：我发这样的内容，我的祖母会同意吗？这个准则我也在使用，只不过我的人选是妈妈，我会站在我妈妈的视角下考虑发布的内容是否恰当，这其实就是我们给自己制定了一个相对严格的标准。另外一个方法是"再三思考"。什么是再三思考？它代表三个问题：这是真的吗？这是出于善意的吗？这是必须发布的吗？把这三个问题问完，你会发现我们犯错的概率会小很多。

当孩子被网络欺凌时，父母不要对发生的事情轻描淡写，更加不要一味地责备孩子，像"为什么他只骂你""你怎么不把跟人吵架的时间用在学习上""肯定是你先招惹他"这类话千万不要对孩子说。有些仇恨和暴力就是毫无缘由的，我们不应该让孩子去扮演一个完美的受害者。正确的方法是教会孩子屏蔽这些恶意，和那些网络恶霸隔绝开。网络恶霸的目的就是引人关注，因此无论何种回应都会助长他们的士气，我们需要做的就是把这些人从自己的社交圈屏蔽掉。

书中反复提及一句话："你要知道哪些声音要调高，哪些声音要调低。"青少年时期，孩子身边可能围绕着很多价值观不清晰的人。他们是校园里的"霸王"，是街边的小混混，他们的话会让孩子倍感压力。实际上，父母要教孩子调低这些人的声音。因为他们都不是成熟的个体，根本不知道对错，所以对他们的话不必在意。孩子应该调高的声音是来自父母、来自老师、来自主流的社会圈层的评价。

学校教育的挑战

学校教育同样会带来挑战，孩子可能会遇到一名偏心的"坏"老师，遭受不公正的对待或者和老师起冲突，这时应该怎么处理？

面对备课不足的老师：鼓励孩子跟老师进行交流。这类老师可能刚刚上任，对学生的学习目标、评价策略尚无清晰的规划，常常让孩子感到茫然和沮丧。父母可以建议孩子主动找老师谈一谈，明确学习计划和课程安排，不要用"想提高分数"这样模糊的话，而应具体表达："我很想在您的课上好好学习，但我不知道现阶段能做些什么，您能给我讲解一下吗？"

面对偏心的老师：教会孩子谦逊地接受老师的错误。面对老师的失误或偏心，孩子如果一直保持一种傲慢的态度，就会不断放大这个委屈，师生关系也就更加紧张；但如果孩子用谦逊的态度来对待，他会冷静下来思考老师说的话，正面积极地寻找解决问题的方法。

面对刻薄的老师：引导孩子用成熟的态度解除冲突。什么是成熟的态度？就是不要消极对抗。老师同样会犯错，我们不能要求老师百分之百的正确。父母应说服孩子主动找老师沟通，勇敢地表达自己的想法，同时用心倾听老师的意见。

我们不是为了培养一个大学生才送孩子上学的，而是为了帮助孩子找到人生的使命。所以作为父母，面对以上情况，我们要主动跟学校交流。父母和学校有着共同的目标，都是为了培养孩子的学习力、创造力和团队精神，因此父母不必把自己摆在一个过低的位置，应平等诚恳地与校方交流。

此外，还有校园欺凌的问题。关于欺凌的定义，第一，欺凌无一例外，都是一种故意的行为，不存在偶发的欺凌。第二，欺凌是一段时间内反复发生的事情。第三，欺凌总是在双方力量有差异的情况下发生，这种力量的差异可能来自身体、关系、情感或心理方面。面对这种力量差异，大多数受害者不太能够保护自己，所以对于欺凌仅仅跟孩子说"要反抗他们、保护自己"，是不现实的。

欺凌是一种以不断削弱另一个人的积极自我认知为目的的攻击性行为，它的唯一目标就是让对方接受自己是一个弱者。孩子在受到欺凌时，其实特别想知道父母会站在哪一方，但又不敢跟父母说，因为怕受到更多的责骂。一些孩子在走向毁灭性失败前曾向父母求助，但父母并没有放在心上或觉得问题不大，孩子因此认为父母是不可信的，不会站在背后支持自己，最终酿成了不可挽回的悲剧。

当孩子说自己遭受欺凌时，家长千万不要置之不理，也不要释放否定信息，即刻意轻视某一描述或者描述者的信息。这种轻视的表现很微妙，比如一些父母会说："你对他做了什么呢？""你为什么不保护自己呢？"在孩子看来，这些语言都是在指责自己。孩子已经遭受了欺凌者的贬损，我们不要让他再遭受一次。在你面前的是一个情绪激动的青少年，不管他的描述是否完全符合实际，关键是这个描述是通往真相的桥梁。父母要信任自己的孩子，要尊重他，不要总批评他。

面对欺凌，首先要让孩子明白：生活中出现痛苦是一件正常的事，人在一生中总会经历各种痛苦，但你不是一个人在战斗。其次，和孩子分享能够体现你坚韧品质的亲身经历，为孩子注入排除困难的勇气。然后，带孩子参与一些能够增强韧性的辅助活动，比如远足、爬山。你可以向他讲解那些古老的建筑为什么能屹立百年，是因为它的两侧有加重的承重扶壁，用这种方式给孩子传递正面的价值观，教会孩子哪些声音需要调高，哪些声音需要调低。最后，如果出现了人身伤害的状况，我们要立即介入，可以报警或寻求校方的帮助，但不要以暴制暴。

每个人都会经历青春期，那可能是一段想起来就会令全家人头疼的阶段，但我们最终都会成长为一个成熟而独立的大人。对父母来说，教育孩子成长是一个复杂体系，这意味着我们没有办法通过盯住孩子的每一个动作来解决问题，我们能做的只有转变思维模式，然后留心观察他们在每个年龄阶段的特征，引导他们应对各种挑战。正如作者提醒的那样，把孩子培育成值得尊敬的成年人，归根结底要靠对他们投入心血，给予其成长所需的空间、时间和各种支持，这就是解开青春期密码的关键。

第4节 最好的家教是父母联盟

孙云晓、李文道《好爸爸修炼指南》课程精编

有一天，我（本文中的"我"均为孙云晓）在北京一所小学里讲课，讲完后打车回家。载我的出租车司机是个中年男人，很热情，也很健谈，聊了几句后，他就问我："您是干什么工作的？"我说："我是做儿童教育研究的。"他一听，特别惊讶地看了我一眼，说："大男人也管儿童教育？"我知道他有个女儿后，就问他："怎么？您在家里不管孩子教育吗？"他摇摇头，说："管孩子都是她妈妈的事儿，我的任务就是挣钱。"

那一刻我就在想，这可谓是父教缺失的"形象代表"了。

对于孩子来说，父教也就是来自父亲的陪伴和教育，是不可缺少、不可替代的，但问题是，家庭教育中父教缺失已经成为十分普遍的现象，这种现象也对孩子的成长造成了很多负面影响。心理学家麦克·闵尼曾用实验证明：与一天中与父亲接触不少于两小时的孩子相比，那些一周与父亲接触不到六小时的孩子更容易产生情感障碍，出现焦虑、自尊心低下、自制力弱等情况，并且容易产生攻击行为，成年后还容易有许多不良的生活习惯、心理问题等。

父亲的陪伴和教育为什么如此重要？

美国心理学家罗斯·派克在《父亲的角色》一书中写道，儿童的发展有两个重要目标，一个是亲密性，另一个是分离性。母爱的天然优势就是亲密、连接，而父爱的天然优势就是分离、独立，这种分离和独立也意味着孩子要懂得责任、能够承担、更加坚强。父母对孩子的教育是一种互补，也是一种完美的结合，这种互补与结合既为孩子提供了成长的榜样，帮助孩子了解男人与女人、丈夫与妻子、父亲与母亲不同的责任与义务，又让孩子从父母的关系中去理解爱情、婚姻和家庭的意义。这是一种很深刻也很深远的影响。

如何尽好父亲的责任，给孩子更好的陪伴和教育呢？

我认为最重要的是先了解父教的重要性，尽可能多花时间陪伴孩子，与孩子建立牢固的亲子依恋关系，帮助孩子形成积极的个性品质和各项能力。这是教育的起点，也是爱的根基，是孩子成长过程中非常关键的环节。

孩子需要父亲的陪伴，这里的陪伴不是指物理距离上的靠近，而是指心理的靠近。真正有效的陪伴是陪伴孩子的心灵，这需要我们成为一位理解孩子的、理性的父亲，懂得孩子成长过程中的个性差异和潜能优势，给予孩子特别的关注、理解和支持。希望每位父亲都能认识到自己的这个角色有多么重要和不可缺位，用正确的方法，做个懂教育、会陪伴的好父亲。

父教所具有的独特价值

我们来看三组数据。第一组数据来自美国一个权威机构的调查：美国很大比例的少年犯来自单亲家庭，父亲忽视对孩子的教育。这种现象在中国也同样存在，多年前北京曾发生过一次惨痛的"蓝极速网吧"事件，有 25 个年轻人在事故中被烧死，纵火者是几个中学生，都来自父教缺失的单亲家庭，这个教训是非常惨痛的。第二组数据是美国前总统奥巴马在一次演讲中列举的数据，他指出，父教缺失的孩子未来放弃学业、出现各种问题的概率是拥有父教的孩子的 9 倍，同时这些孩子将来犯罪的可能性是其他孩子的 20 倍。第三组数据来自中国青少年研究中心，其经多次研究后发现，85% 有网瘾的孩子在成长中存在父教缺失。

面对这三组数据，我相信很多父亲都希望自己能够做个合格的父亲，好好陪伴孩子健康地长大。那么，父教对于孩子的成长是否有着独特的价值呢？答案是肯定的，下面我们来一一介绍。

父教对于孩子的成长有三个独特价值。

第一，父亲是男孩最直接的榜样

分享一个非常耐人寻味的案例。在南非国家公园，工作人员发现一头小公象本来很温顺，但有一段时间，这头小公象变得很暴力，经常无端发脾气，袭击其他动物。后来工作人员分析发现，原来因为公园里的公象太多了，他们就杀掉了一些，而公象有个特点，那就是会调教小公象与其他"伙伴"和平相处；但一些公象被杀掉后，很多小公象就失去了父亲，失去了榜样，变得暴力起来。后来公园又购入了几头公象，让它们与小公象生活在一起，小公象的攻击性慢慢减弱了。

人类社会也有非常类似的特征，即男孩是非常需要父亲的养育和陪伴的。一个男孩在成长过程中，父亲就是他的榜样，父亲的一言一行都会影响他。男孩也会模仿父亲的样子去学着为人处世，学习与这个世界相处的方法。

因此作为父亲，首先就是要为孩子做一个好榜样，要求孩子做的事，自己首先要做到；不让孩子做的事，自己首先带头不做。

上海市教育科学研究院家庭教育研究中心主任郁琴芳女士曾专门组织人访问了一批父亲，其中有一位父亲让我印象深刻。这位父亲是上海嘉定区的一名公司职员，家里有一个男孩。从孩子出生起，他就坚持照顾孩子，积极与孩子培养感情。平时只要不出差，他下班后就回家陪伴孩子，自觉自愿地与孩子一起成长。在儿子上一年级时，他就跟儿子"拉钩相约"：儿子如果好好学习，爸爸就戒掉抽了十几年的烟；儿子坚持天天打乒乓球，爸爸就坚持每天游泳。很多人觉得他也就是随口一说，根本坚持不了几天，没想到他真的坚持了下来，戒掉了吸烟的习惯，每天都会去游泳，以此鼓励儿子。结果，儿子长期坚持打乒乓球，后来还参加了全国比赛。

你可能觉得这就是一些小事，但其实孩子每天都在观察父亲所做的那些小事。只有父亲先做到，孩子才能做到，这就是父亲对孩子最直接的影响。

中国青少年研究中心曾做过大量研究，发现在学习方面，男孩最喜欢的学习方式有 4 种，分别为运动、动手操作、使用电脑和参与体验，而这几种恰恰是父亲的优势。父亲经常在这些方面陪伴男孩、支持男孩，就会成为男孩心目中的榜样，也会对男孩的成长带来积极的影响。

第二，父亲是女孩发展的定海神针

父亲几乎是女孩接触到的最早、最亲密、最长久，也是印象最深刻的异性，没有人像父亲那样，在女孩的整个青少年时代都深刻地影响着她们的生活。这个世界是由男女共同构成的，任何一个女孩想要成长，想要认识这个世界，想要在未来更好地发展，父亲都是她认识男性世界的一个桥梁。

说起父亲对女孩的影响，我想起了乒乓球世界冠军邓亚萍的经历。邓亚萍 5 岁开始打乒乓球，但她刚开始打球时有个问题，就是输了球会很急，不依不饶，非要马上赢回来才行。她的父亲发现她这个问题后，并没有像其他父亲那样告诉她不要着急，打球就是有输有赢等，而是直接告诉她，她输在什么地方、原因在哪里，她要如何改进、练习。

后来省队来招人，邓亚萍落选了，很沮丧，也很委屈，这时她父亲也没有安慰她，而是问她："你知道为什么你落选吗？因为你个子太矮了，跟其他人比不具优势，那你还想不想打？"邓亚萍回答"想打"。于是，父亲立刻给她制订了严格的训练计划。两年后，邓亚萍终于进入了国家队。

后来我看邓亚萍打球时有一个非常明显的特点，就是气势夺人，充分发挥自己的优势：凶猛、顽强、执着。这与父亲以前要求她直视自己的弱点，逼她挑战自我，用科学的方法训练是分不开的。可以说，是父亲培养了她坚强的人格，为她后来的成功打下了坚实的基础。这位好父亲扮演了女孩发展的定海神针。

作为父亲，如何更好地陪伴女儿成长？我给各位父亲的建议有以下几点。

第一，重新理解传统的俗语，如"男孩穷养，女孩富养"等。很多人对这句话有误解，认为男孩应该多吃苦，女孩要多享受，其实不然。"女孩富养"的真正含义是：要给女孩更丰富的精神滋养。中国青少年研究中心调查发现，女孩在成长中更喜欢阅读和情感交流，所以父亲应该特别关注女孩的这些需要，通过读书、交流等帮助女孩丰富她们的内心世界，同时帮助她们学会以女性的视角去认知异性，这将有助于她们将来的情感、恋爱与婚姻关系的发展。

第二，给女孩提供丰富多彩的体验机会。无论是邓亚萍，还是其他优秀女性，都是在长期丰富的生活体验中成长起来的，而父亲的陪伴、支持与鼓励，对她们的成长至关重要。

第三，在女孩发展的一些关键点上给予支持和引导。人生有很多节点，女孩对于如何放飞自己的梦想，大胆去追求自己的未来，有时是会产生很多困惑的。这时，父亲一定要支持女孩去勇敢地做出选择和行动，并且让女孩知道，在遇到困难和危险时，父亲就是她们最可靠的臂膀和坚实的后盾。

第三，爸爸爱妈妈，孩子更出色

很多父亲不理解，教育孩子与爱妻子有关系吗？我要告诉你的是，两者之间有着非常直接的关系。因为你爱妻子，妻子状态好，家里的氛围就好，这对于孩子的成长和发展是至关重要的。

我曾经对美国西雅图太平洋大学脑科学应用学习研究中心主任约翰·梅迪纳教授做过访谈，在研究他的资料时，我发现了一个小故事。有一次，他在西雅图的一次演讲中讲到了家庭教育问题，台下有位父亲就非常着急地问："教授，您就告诉我，我怎样才能让我的儿子考上哈佛大学。"梅迪纳教授想了想，回答说："回去好好爱你的妻子。"

梅迪纳教授是一位脑科学家，对人的神经系统、脑神经、情绪等方面做过大量研究，他对我解释说："按照心理学的研究，评价学业成就最重要的指标是家庭情绪的稳定性，而家庭情绪的稳定性大部分可以被父母关系所预测和验证。"简单来理解，就是家庭情绪的稳定对孩子的智力、情感发展及学业成就等有着直接影响和巨大帮助。所以，一个好爸爸一定是很爱自己妻子的人，这句话是有科学依据的。

我问梅迪纳教授："按照您的说法，是不是夫妻关系排在第一位，亲子关系排在第二位呢？"他的观点是，夫妻关系和亲子关系的优先等级是一样的，但确实有一个先后顺序的问题，夫妻关系好了，才有可能建立好的亲子关系，或者说夫妻都很重视亲子关系，反过来又会促进夫妻关系。

当然，夫妻之间的问题可能比较复杂，这需要爸爸们在这方面多做些努力。我认为，爸爸们至少应做到下面两点。

第一，精心维护和谐的夫妻关系，促进家庭关系的和谐与亲密。多关心、尊重、爱护妻子，多帮助妻子排忧解难，这样才能建立融洽的家庭关系，为孩子做一个好榜样。

第二，用良好的夫妻关系带动亲子关系，经常在孩子面前表达对妻子的爱和尊重，让孩子知道，爸爸是永远爱自己的家庭、爱自己的妻子和孩子的。当孩子感受到爸爸对家庭、对妈妈和自己的爱时，他才能慢慢学会如何爱自己的家庭和父母，这也是在为孩子树立一种价值观。

需要注意的是，如果你和妻子发生了冲突，一定要让孩子看到你们和解的过程，这也是孩子学习与家人相处、沟通的重要方式。夫妻之间的行为和彼此的关系，是每一个孩子必读的一本书，影响深远，就像梅迪纳教授所说的："爱妻子，就是爱孩子。"一个好父亲首先要学会了爱自己的妻子，接下来才会正确地爱自己的孩子。

再忙也能陪伴孩子成长

很多父亲会说："我也很想好好陪孩子、教育孩子，可是我平时太忙了，根本没时间！"

工作忙碌可以理解，但仔细想想，工作不是全部。如果你认为教育孩子是一件很重要的事，养育孩子不能缺席，相信你一定会想办法克服困难。

我曾到青岛大学讲了一次家庭教育课，其中特别讲到了父教的话题。讲完后，当地一家企业的一位女经理找到我，跟我分享了她的成长经历。在她小时候，她的父亲曾支援青海，很多年不能陪在她身边，但她却认为父亲是最爱她的人，也是她成长过程中最重要、对她帮助最大的人，原因是她父亲在外工作期间，曾经与她通过两千多封信。从她刚上小学起，父亲就鼓励她用拼音跟自己通信；后来她会写字了，父亲每次收到她的信，会认真地告诉她，她信中的哪个字写得好，哪句话表达得好，哪个地方写错了，下次要改过来。最后，父亲还会在她的信背面给她回一封信。就这样，她与父亲一直通信到她上大学，从未间断。她与父亲的感情也完全没有因为距离而疏远，她甚至比很多父亲在身边的孩子更爱自己的父亲。

你们看，这位父亲即使在距离女儿千里之外的地方工作，也完全没有缺席女儿的成长。这是不是能够说明，即使再忙，父亲也是可以陪伴孩子成长的？

无论在什么时候，忙碌都不是不能陪伴孩子的理由，如果你真的不想缺席孩子的成长，有一个最简单又最根本的办法，就是心中真的有孩子，不管做什么，都能一直牵挂着孩子，知道你的孩子在想什么、做什么、需要什么。我记得我女儿上小学时，我也经常出差。有一次，我发现女儿往我的旅行包里放了一张她的照片，还告诉我说："爸爸，你出差到很远的地方也不能忘了我。"后来不论我到哪里出差、出差多久，我都会给女儿打电话、买礼物，让女儿知道，我一直都是想着她的，所以我跟女儿的关系一直都很好。

忙碌是这个时代的特征，这是无法改变的事实，关键是爸爸们如何在这忙碌的生活中找到平衡，承担起教养孩子的责任。在这方面，我有三点建议。

第一，态度永远是第一位的。在孩子成长过程中，父亲应该协调好职业发展与教养责任之间的关系，宁可让自己的职业发展慢一些，宁可做出一些牺牲，也不要错过孩子成长的关键期。

第二，爱的城堡是由时间筑成的。"爱"是一个动词，是由时间和质量构成的，有些父亲上班时几乎不跟孩子联系，下班回到家后，即使有时间守着孩子，也是抱着手机自己玩，根本不知道孩子在想什么、需要什么，与孩子完全没有沟通。在这种情况下，即使你有再多的时间陪孩子，你也难以走进孩子的心里。

所以，如果你平时很忙碌，难得有时间陪在孩子身边，那么当你有时间的时候，就要耐心地跟孩子沟通交流，倾听孩子的话，做一些孩子喜欢做的事，陪孩子玩一些他喜欢的游戏，这样孩子才能体会到爸爸的关心，感受到爸爸是真正爱自己、在意自己的。

第三，把孩子的事务列入自己的日程表内。很多父亲认为孩子的事都不如自己的工作重要，但对于孩子来说，很多事情却是意义非凡的，比如他的第一次登台演出、他的第一次比赛、他的第一次获奖、他的毕业典礼等，这些时刻，他都希望爸爸能看到，爸爸能为自己加油打气，自己能跟爸爸分享喜悦。这些在父亲看来似乎并不重要的事，对孩子而言却是非常重要的。

对于孩子认为的这些重要的事情，父亲可以把它们列入自己的日程表内，提前安排时间，陪伴孩子度过那些难忘的时刻，让孩子感受到自己在爸爸心中很重要，这样孩子也会从心底喜欢爸爸、感激爸爸。

总之，只要有心，爸爸们就可以找出无数种向孩子表达关爱的方式、方法。陪伴孩子的任何一个时刻，对于忙碌的爸爸们来说可能微不足道，但对于孩子来说却可能是难忘的，也是这些时刻为孩子一点点建立起的安全感、信任感，帮助和引导着他们和谐、健康地成长。

不强悍的爸爸同样很棒

在传统观念中，人们认为父亲的形象应该是伟岸的、强悍的，但也有一部分父亲，自身能力有限，并不是社会竞争中的佼佼者，甚至还经常败下阵来。作为"不强悍"的父亲，能不能胜任一个好父亲的角色呢？要怎样才能有效地陪伴孩子，成为孩子的榜样呢？

我看过一位女士写的文章。她小的时候，经常觉得自己的爸爸很"窝囊"，什么都干不成，让她很失望。比如说，爸爸有时修个自行车也修不好，只能推到修车铺去修；有时不小心弄破了手，也要"哎哟"半天。她觉得爸爸完全没有男子汉气概，太懦弱、太矮小，更别说跟那些当厂长或公务员的爸爸去比较了。

后来还发生了更糟糕的事，因为爸爸所在的工厂改革，一批工人要被分流，她的爸爸就被分流去当了一个交通协管员，收入比之前大大降低，这让她更加认定自己的爸爸很没用。不仅如此，爸爸还经常对孩子们说："爸爸就这点儿本事，你们将来要是考大学，我怎么都会支持你们，但如果你们考不好，我可一点儿办法都没有！"

这位女士说，从那时起，她就发誓长大后一定要做个完美的母亲，给自己的孩子最好的生活、最好的教育，不让孩子受苦、操心。后来她也真的很争气，考上了大学，找到了一份很好的工作，把家庭、孩子都照顾得很好。但有一次，她在签订一份合同时，因为疏忽导致公司赔了好多钱，她被公司解雇了。她的爸爸听说这件事后，就来到她身边，安慰她说："其实完美的父母不一定对孩子都有利，有不足不可怕，而且跟有不足的父母生活，孩子可能更有收获。你看，爸爸这么无能，却培养了你这样一个能干优秀的女儿。"这句话让她开始反思，她觉得正是爸爸的"不能干"，才激发了自己的"能干"，而且爸爸在孩子面前永远都那么真实自然，不会的就是不会，受伤了也会呻吟，但这却丝毫不影响他对女儿的爱。

跟大家分享这个案例是想说明，父亲并不意味着一定要"高大上"，不一定必须很伟岸，不一定收入丰厚、有名有利、无所不能。很多教育专家都提出过一个观点：好的父母最好只有"一只手"。因为父母如果只有"一只手"，就有很多做不了的事情，这时就会激发和推动孩子去做，孩子就会变得很能干、很有担当。所以，爸爸不一定都是强悍的、高大的，即使不强大，也一样能成为一个好爸爸，陪伴孩子健康长大。

如果你也处于这类爸爸的行列中，我给你的建议如下。

第一，从孩子很小的时候开始，就不要总是对孩子的事情包办代替。凡是孩子能自己做的事，就让他自己去做，爸爸只要陪在孩子身边，保证他的安全即可，这也是著名教育家陈鹤琴先生的观点。大人后退一步，孩子就能前进一步。给孩子充分的成长空间，相信孩子的潜能，孩子才能成长得更好。

第二，为孩子展示一个真实的世界，不要故意在孩子面前装出很强大的样子，把自己扮成一个胜利者。其实，很多爸爸都不是很厉害、很强悍的，所以没必要在孩子面前伪装，把真实的自己展现在孩子面前就好。当然，我们还是要不断进步、不断反思的，虽然我们有很多缺点，但我们改变和完善的过程同样可以为孩子做一个好榜样。

父母表现出自己不能干、干不了的时刻，恰恰是可以促进孩子成长的时刻。这样能够给予孩子更大的发展空间，促使孩子去尝试、去闯荡，这其实是一种大智慧。就像前文案例中的爸爸那样，他虽然好像没什么大本领，甚至有些笨笨的，但在关键时刻仍然可以陪在孩子身边，给予孩子勇气和力量。从他的身上，我们同样可以看到教育的智慧和人格的力量。

最好的家教是父母联盟

父亲对孩子的教育虽然重要，但孩子发展中有两个关键指标，除了父亲给予孩子的分离性、独立性，以培养孩子独立、勇敢、担当、责任等品质外，还有母亲给予孩子的亲密感、联结感，以培养孩子细心、善良、合作等品质。这两类品质恰恰是父母所具备的不同优势，所以要培养孩子健康成长，就需要父母的合作联盟帮助孩子全面成长，这才是最好的家庭教育。

但在现实生活中，很多家庭往往都是妈妈担负着照顾孩子的主要责任，孩子跟妈妈的关系比跟爸爸更加亲密，有的孩子甚至整天黏着妈妈，不喜欢爸爸。曾经有个两岁孩子的妈妈在《父母必读》杂志上倾诉自己的烦恼，说全家三口人一起看电视时，如果自己坐在孩子和爸爸中间，孩子就不愿意，妈妈和爸爸必须分开坐才行。出去玩时，孩子走累了，妈妈想让爸爸抱抱孩子，爸爸不愿意，而孩子也不想找爸爸，只要妈妈抱。这位妈妈就很烦恼，很多照顾孩子的工作想让爸爸帮忙，爸爸不积极，同时孩子也不愿意亲近爸爸，甚至直接说不喜欢爸爸、不要爸爸，她很想知道这个问题该怎么解决。

实际上，这个问题在很多家庭都存在，孩子与母亲像是共生体一样，连接紧密，而爸爸像是个外人，容易遭到排斥。尤其在孩子很小的时候，很多家庭里妈妈承担了大部分照顾孩子的工作，比如喂奶、哄睡、陪玩等，这也让孩子对妈妈的依恋更深，爸爸总体上参与较少。在这个过程中，孩子也会观察妈妈对其他人的态度，有时妈妈不说，孩子看妈妈的表情也会明白。如果妈妈经常数落、指责爸爸，孩子就会认为爸爸是不好的，自己不喜欢爸爸；而爸爸因为经常被妻子否定，慢慢也就不愿意参与照顾孩子了。久而久之，爸爸与孩子的关系就会变得疏远，不再亲密。

针对这个问题，著名心理咨询专家李子勋教授曾做过一个分析，他说："母子连为一体排斥父亲的现象，本质上是母亲害怕失去孩子的焦虑，继而放大了孩子对父亲的排斥和愤怒。"对此，他还提出了一个对策，就是当孩子排斥爸爸时，妈妈要稍微冷落孩子一下，比如表现出不高兴，让孩子知道这样是不对的。同时，妈妈还要鼓励爸爸参与育儿过程，给爸爸分配一些任务，肯定他的进步。分工之后，需要爸爸陪孩子完成的事情，妈妈就不要参与，让孩子和爸爸一起去完成。

说到这里，有一位妈妈在处理这方面的问题时堪称楷模，她就是麻省理工学院原中国总面试官蒋佩蓉老师。蒋老师是一位成功的女性，更是一位很有智慧的女性，我听过她的很多次演讲。在演讲中，她经常会提及她的家庭、她的先生，并且会特别强调一句："我们家林先生是家里的大英雄，他的贡献很大。"可以看出，她非常注重夫妻关系，对先生非常尊重和推崇，甚至赞誉有加，不会因为自己成就大就忽视先生在家庭中的地位和对家庭的贡献。

有一次，我应邀参加北京四中组织的一个活动，蒋老师一家也参加了。在活动最后一个环节，蒋老师一家一起登台演出。这时我发现，他们在台上的分工特别明确，有的弹钢琴，有的打鼓，有的吹号，配合非常默契，气氛也十分热烈。你简直无法想象，怎样一个家庭才能组织起这样一支乐队，并且全家一起来完成这样一次愉快的演出。

从前面那位妈妈的烦恼到蒋老师家庭的故事，我们可以发现一条规律：家庭的本质是家庭关系，所以做好家庭教育的关键是你要先把成员之间的关系捋顺，而这个关系中最核心的就是夫妻关系。夫妻之间相互尊重、相互支持、相互配合是很重要的，夫妻关系好，你就不用担心孩子会不好。能够相互支持、相互尊重的父母，不但能给孩子做一个好榜样，还能在孩子面前树立权威，赢得孩子的尊重；而且好的夫妻关系也会帮助孩子获得很好的人生发展，很多女孩甚至会因此而产生这样一种想法，就是长大后要找一个像爸爸一样的伴侣，因为她知道自己的爸爸是有爱心、有责任感的人，是一个能够让人感觉安全、可以信赖和依靠的人。

孩子是看着父母的背影长大的，而且他们还有一门共同的"必修课"，就是研究自己的父母，从对父母关系的观察中去思考什么是爱情和婚姻，什么是生活和社会，这要远比你对他说教，给他讲一堆大道理更有效。所以，只有父母联盟，共同建设一个幸福、和睦的家庭，才是给予孩子最好的陪伴和最好的家教。

争取资源完善父爱教育

虽然有充分的理由表明父亲一定要尽职尽责，给予孩子充足的爱与陪伴，但从客观上说，确实也有一些父亲由于各种原因顾不上孩子，比如父亲常年驻外工作，或是父母离异，孩子跟随妈妈生活等，使父爱不能很好地呈现。而孩子的成长是不能等待的，特别是在童年和青春期，孩子非常需要父亲的陪伴和引导。在这种情况下，不管是孩子的妈妈还是其他监护人，都需要积极寻找各种资源来弥补孩子缺失的父爱，完善父爱的陪伴和教育。

说到这里，我想到了美国游泳运动员菲尔普斯。在 2008 年奥运会上，菲尔普斯一人拿到八枚游泳金牌，被人们称为"飞鱼"。但是，大家可能并不知道他为什么会学习游泳，并且会那么优秀。我后来研究了菲尔普斯的资料。在菲尔普斯九岁时，他的父母离异，他跟随妈妈生活。那时的菲尔普斯学习很不好，还被诊断患有多动症，这让妈妈很发愁。但妈妈发现，他在游泳方面非常有天赋，于是就给他找了一位男教练鲍勃，让鲍勃教他游泳。

这个人算是找对了，鲍勃虽然游泳水平不是很高，但他是学心理学专业的，对人的心理很了解，指导菲尔普斯也有一些独特的方法。菲尔普斯很好动，他就给菲尔普斯加大运动量，对他进行大量的训练，有时还刻意考验菲尔普斯。菲尔普斯十几岁时，有一次参加游泳比赛，鲍勃故意把菲尔普斯的泳镜踩坏，使他来不及更换，想看看他如何应对，而菲尔普斯就靠自己的双臂摆动次数来判断自己距离终点还有多远。令人没想到的是，这一幕在北京奥运会期间竟然重现了，当时不知为何，比赛刚一开始，菲尔普斯的泳镜就坏了，于是他凭借之前的经验，顺利到达了比赛终点，还获得了冠军，创造了一个奇迹。

后来菲尔普斯结婚成家，当得知自己马上要当爸爸后，立刻放下工作，飞到妻子身边，陪伴她到孩子出生，并且说孩子的出生是给予他的一个巨大恩赐，让他万分珍惜。可以说，教练鲍勃在菲尔普斯成长的过程中发挥了很大的作用，不但让他发挥了自己的技能特长，还给予了他父亲般的陪伴，丰富了他的情感生活，在一定程度上起到了与父亲一样的作用。

所以，在父亲确实无法陪伴孩子成长的特殊情况下，家长应积极寻找和争取教育资源，让孩子获得缺失的那部分爱、陪伴和指引，这对于孩子的成长来说也不失为一种有效途径。如果你也有类似的处境，那么我给你的建议如下。

第一，十岁以前是孩子成长的黄金时期，教育孩子的最佳时期也是在十岁以前。这个时期对于孩子来说，是一个情感依恋和心理崇拜形成的关键时期，帮孩子打好基础、学会明辨是非、养成习惯非常重要。作为父亲，应尽可能地克服困难，承担起陪伴和教育的责任。每个人都有很多重要的事情，但对于最重要的事情，永远都会有时间。如果你觉得陪伴孩子成长是最重要的，那么你就一定能克服困难，想各种办法陪伴孩子成长。

第二，如果父亲确实没办法陪伴孩子，那么可以委托其他男性长辈，如孩子的爷爷、姥爷、叔叔或舅舅等，来代替父亲陪伴孩子成长。或者孩子的妈妈积极主动地去寻找可能的资源，就像菲尔普斯的妈妈为他寻找一位男性教练一样，让他代替父亲的角色陪伴孩子成长。当然，也不是随便一个男性就能担任这个角色，他一定要是一个有爱心、有道德、有责任感和有教育素养的人。

第三，不管孩子处于什么样的情况下，父母都要关心孩子教育的质量。不管是委托长辈代为照顾孩子，还是找一个像教练一样的人培养孩子，都不意味着自己就没有责任了。如《家庭教育促进法》所规定，父母或其他监护人是未成年孩子成长教育的主体责任者，需要用心关注孩子的成长。

其实，任何一个男性都不是天生就会做父亲，想要有效地陪伴孩子成长，就需要自觉、不断地修炼。我从 1973 年年初开始做儿童教育，后来又做家庭教育研究，至今快 50 年了。在近半个世纪的经历和探索中，我一直在想一个问题：作为父母，我们靠什么教育好孩子？是靠高学历、高收入、高社会地位吗？都不是。高学历的父母未必能教育好孩子，高收入家庭的孩子也未必有出息，高社会地位的人的孩子也可能会出问题。

经过多年研究和实践，我发现，决定你教育孩子成败的，其实是你的教育素养，也就是你在教育孩子过程中的理念、方法和能力。所以，想要陪伴孩子健康成长，你就要不断提升自己的教育素养，在陪伴孩子的过程中不断学习、不断进步。养育孩子的过程，也是一个男人、一位父亲走向成熟的过程，在这个过程中，如果你没有尽到责任，你就永远长不大，永远是一个不成熟的、缺乏责任感的、没有育儿经验的父亲，永远是一位不合格的父亲。对于母亲来说，也是如此。

在此，希望所有父母都能把教育孩子、陪伴孩子成长当成是一件非常重要的事情，一件稍纵即逝、错过就无法弥补的事情，真正重视起来，努力帮助孩子形成健康、健全的人格，拥有一个更加美好的人生。